KB200426

하나님,
어떻게 쓸까요?

하나님, 어떻게 쓸까요?

지은이 | 임은미(Eunice)
초판 발행 | 2022. 5. 18
4쇄 발행 | 2022. 6. 20
등록번호 | 제1988-000080호
등록된 곳 | 서울특별시 용산구 서빙고로 65길 38
발행처 | 사단법인 두란노서원
영업부 | 2078-3352   FAX | 080-749-3705
출판부 | 2078-3331

책값은 뒤표지에 있습니다.
ISBN 978-89-531-4213-8 03230

독자의 의견을 기다립니다.
tpress@duranno.com   www.duranno.com

그리스도인이
돈을 다스리는
태도

하나님,

어떻게
쓸까요

?

임은미(Eunice)
지음

두란노

차례

2

3

4

5

에필로그	

어떻게 내 통장에는 항상 돈이 있을까?

선교사라고 하면 왠지 늘 주머니가 비어 있거나 사는 게 팍팍할 것이라고 다들 생각하는 것 같다. 하지만 내 주머니는 늘 두둑하고 통장 잔고가 바닥나는 일이 없다. 정말 열심히 퍼다 나눠 주는데도 어떻게 내 통장에는 항상 돈이 있을까?

지난해 나의 여덟 번째 책《나는 이렇게 순종했다》가 출간되었다. 그 책을 전도용으로 찾는 분들이 많아서 출판사에 주문서를 보내는 일이 한동안 나의 주 사역이 되었다. 저자 할인으로 책을 구매하여 필요한 분들에게 무상으로 공급하기 때문이다. 책값은 물론 배송비까지 자비로 부담했다. 출간한 지 한 달 만에 3,000부 넘게 구매하여 보내 드렸더니 수익금보다 지출액이 1,500만 원을 웃돌았다. 나는 책을 써서 돈을 벌어들이는 작가가 아니라 되레 있는 돈을 헐어서 쓰는 마이너스 작가인 셈이다. 그래도 주머니 걱정은 하지 않는다.

나는 케냐에서 사역하고 있는 선교사이다. 그래서 나에게는 한국에서 내 재정을 맡아 관리해 주는 분이 따로 있다. 조효진 멘티인데, 목사 사모이기도 한 그녀는 내가 돈을 어디 어디로 보내 달라고 부탁하면 그대로 다 해 주는 참으로 감사한 동역자다. 한번은 효진 멘티가 내게 "멘토님의 계좌는 정말로 마르지 않는 샘이에요! '재정'에 관한 책을 꼭 써 주셨으면 좋겠어요!"라고 말한 적이 있다. 그래서 언젠가는 재정에 관한 이야기를 써야겠다고 마음먹었지만, 언제쯤 쓸지는 막연했다.

그러던 어느 날 새벽에 주님이 드디어 내게 말씀하셨다.

"재정에 관한 글을 써 보는 게 어떻겠니?"

코로나 팬데믹(COVID-19 pandemic) 때문에 교회에서 대면 예배를 드리지 못하게 되면서부터 이런저런 생각이 많아졌다. 특별히 교회 예배가 문제시되는 것을 보면서, 아예 공예배를 드리지 못하게 제재당할 수도 있겠다는 생각에 위기감까지 느꼈다. 종교의 자유가 보장되는가에 관한 의구심이 생기자 신앙 서적을 마음대로 쓰고 읽지 못하는 때가 오면 어떡하나 하는 염려가 생겼다. 그러던 차에 주님이 재정에 관한 책을 써 보라는 마음을 주신 것이다.

근래 '영끌'이라는 신조어가 심심찮게 들린다. '영혼까지 끌어모으다'라는 뜻이라는데, 요즘 사람들은 '영혼까지 끌어모아' 대출을 받아도 집을 사기가 어렵고, '영혼까지 끌어모아' 주식 투자를 해도 번번이 손해만 본다고 한다. 성경은 돈을 흔히 '맘몬 신'에 빗댄다. 영끌하여 돈을 좇는다는 것은 결국 맘몬 신을 좇는다는 것이 아니겠는가! 그러니 돈을 좇으면 좇을수록 돈에 매일 수밖에 없다. 하나님이 결코 기뻐하시는 일이 아니다.

나는 돈에 매이지 않는 법을 넘어서 돈을 다스리며 하나님이 기뻐하시는 일을 하는 것에 관한 이야기를 하려 한다. 사람들이 귀를 쫑긋 세우고 듣게 하려면, "어떻게 하면 돈을 잘 벌 수 있을까?"에 관해 이야기해야 한다. 하지만 나는 오히려 어떻게 하면 내게 있는 돈을 잘 쓸 수 있을까에 관해 초점을 맞추고자 한다. 그것이 곧 "어떻게 내 통장에는 항상 돈이 있을까"에 대한 답이요 돈을 다스리는 법임을 경험을 통해 체득했기 때문이다.

이 책은 어떻게 하면 하나님이 나를 재정적으로 부요하게 해 주시는가에 관한 간증이 아니다. 하나님의 백성이 어떻게 하면 이 세상 신으로 불리는 맘몬에게서 자유롭게 되어 하나님이 허락하신 재정을 하나님의 뜻대로 마음껏 사용할 수 있는가에 관한 체험담이다. 이 땅에 하나님의 사랑을 전하는 통로가 되기를 원하는 모든 성도에게 쓰는 편지라고 할 수 있다.

끝으로, 이 글을 마칠 수 있도록 도움을 준 여러 얼굴들을 떠올린다. 재정에 관한 나의 묵상 글을 잘 정리하여 보내 준 사랑하는 제자 손민석 전도사, 원고를 일일이 교정하는 데 큰 도움을 준 소중한 동역자 김성화 전도사, 끝까지 잘 쓸 수 있도록 계속 나를 독려해 준 두란노서원 출판부 가족들, 이 책을 쓰기 시작할 때부터 기도로 함께한 '중보기도방' 모든 식구에게 마음을 다하여 감사 인사를 전한다.

지금까지 내가 쓴 모든 책의 처음과 끝을 주님이 맡아 주셨듯이, 이 책 또한 주님이 주시는 마음으로 시작하고 마쳤으니 주님의 뜻이 독자들에게 잘 전달되리라 믿는다.

1

맘몬의 가랑비를 피할
처마를 내주시다

이 모든 것을 내가 마음에 두고 이 모든 것을 살펴
본즉 의인들이나 지혜자들이나 그들의 행위나 모
두 다 하나님의 손안에 있으니 사랑을 받는지
미움을 받는지 사람이 알지 못하는 것은 모두
그들의 미래의 일들임이니라_전 9:1

가난의 기억

: 검댕과 복숭아

나는 강원도 철암이라는 탄광촌에서 가난하게 자랐다. 아버지는 탄광에서 전기 기사로 일하셨다. 우리 집 바로 앞에 공중목욕탕이 있었는데, 광부들이 목욕할 때마다 작업복을 마구 터는 바람에 우리 집 빨래에 시커먼 검댕이 잔뜩 내려앉곤 했다. 엄마가 아저씨들한테 "제발 거기서 먼지 좀 털지 말아요!" 하고 큰 목소리로 일러 주시던 기억이 난다.

어린 시절에는 한밤중에 부모님이 싸우는 소리에 게슴츠레 눈을 떠 보면 두 분이 돈 문제로 다투고 계시곤 했다. 아버지는 그야말로 '하는 일마다 되는 것이 없는' 분이셨다. 무슨 일을 해도, 어떤 사업을 해도 늘 실패하셨다. 그래서 생활력이 강한 어머니가 늘 뒤치 다꺼리하며 이 일 저 일을 하셔야만 했다.

나는 삼 남매 중 맏딸로 태어났다. 집이 워낙 가난해 서 부모님이 내 생일을 제대로 챙겨 주신 적이 없다. 남아 선호 사상이 강하셨던 아버지는 맏이로 딸이 태 어나자 미역국을 올린 밥상을 뒤집어엎기까지 하셨다 고 한다. 생일 선물은 고사하고 내 생일을 기억하는 일 조차 없으셨다.

어느 날 자다가 일어나 보니 화장대 위에 커다란 복 숭아가 담긴 그릇이 올려져 있었다. 복숭아를 무척 좋 아했던 나는 참지 못하고 얼른 집어 들어 허겁지겁 먹 었다. 아버지께 드리려고 놔둔 것을 허락 없이 먹어 치 웠다고 엄마에게 얼마나 호되게 야단맞았던지. 지금도 그때를 떠올리면 울컥할 정도다. 그래선지 복숭아를 볼 때마다 가난했던 어린 시절의 기억이 소환되곤 한다.

지금은 폐광촌이 된 철암에서 초등학교 5학년까지 살다가 서울로 이사하면서 봉천동에 위치한 은천초등학교로 전학했다. 당시에 썼던 일기장이 생생하게 기억난다. 연한 하늘색 바탕에 꽃분홍 튤립이 그려져 있는 겉장을 열면 "죽고 싶다"는 내용만 가득했다.

6학년 때인가. 방과 후에 친구들과 교실 환경 미화를 마치고 나서 집으로 아이들을 데려갔는데, 어머니가 집에 먹을 것도 없는데 친구들을 데려왔다고 크게 혼내셨다. 그래서 우리 집까지 온 친구들을 문 앞에서 다 돌려보내야만 했다. 그때 비로소 내가 가난한 집 딸임을 절실히 느꼈다. 그날 이후로 다시는 친구를 집에 데려가지 않았다.

어느 날, 아버지가 내게 평균 95점을 받지 못하면 중학교에 안 보내겠다고 선포하셨다. 덜컥 겁이 난 나는 죽기 살기로 공부했지만, 1점이 모자란 평균 94점을 받았다. 성적표를 받아 본 아버지는 중학교에 못 갈 줄 알라고 으름장을 놓으셨고, 나는 대성통곡했다. 아버지는 공부 열심히 하라고 일부러 겁을 주셨던 것일 텐데, 순진하게도 곧이곧대로 믿었던 것이다. 어쨌든 나는 중학교에 진학했고, 성적 우수자로 '매화 장학금'을 받기까지 했다.

중학교 학창 시절을 떠올리면, 첫사랑이 생각난다. 내가 짝사랑하던 남학생이 다른 여학생을 좋아했는데, 그녀는 얼굴도 예쁜데다가 한의원 원장의 딸이어서 판잣집 수준의 우리 집에 비하면 대궐 같은 이층집에 살았다. 당시 나는 매일 방과 후에 어머니가 운영하시던 동네 작은 식당에 가서 잔심부름하곤 했다. 그러던 어느 날, 여느 때처럼 커다란 양동이에 물을 길어 식당으로 가져가던 길에 짝사랑 남학생과 마주쳤다. 깜짝 놀란 나는 황급히 돌아서서 도망치듯 집으로 들어갔다. 그 아이가 나를 보지는 않았을까 불안한 마음에 가슴이 쿵쾅거렸다. 그때 나 자신이 얼마나 초라하게 느껴졌는지 모른다.

이렇듯 나는 어릴 때부터 가난을 수치로 경험하며 자랐다. 그러나 다행히 부모님을 탓하거나 원망하는 마음은 없었다. 감사하게도 그러한 환경에서도 우울해

하지 않고, 밝게 자랐던 것 같다. 다만 친구들이 부러웠을 뿐이다. 그 당시 가장 부러웠던 것은 피아노 레슨을 받는 아이들이었다. 우리 부모님도 돈이 있으면, 나도 피아노 레슨을 받아 볼 수 있을 텐데 하며 아쉬워했다.

첫 번째 처마

: 배운 대로 실천한 십일조

내가 교회에 다니기 시작한 것은 중학교 무렵이다. 더 어려서 다닌 기억이 있기도 하지만, 그때는 엄마를 따라다녔던 것이고, 내가 스스로 다니기 시작한 것은 중학교 1학년 때부터였다.

'신성교회'라는 동네 개척교회를 다녔는데, 나중에 '혜원교회'로 이름이 바뀌었다. 류우열 담임목사님이 성경 공부를 아주 체계적으로 잘 가르쳐 주셨는데, 나는 어린 나이에도 어른들이 다니는 수요 성경 공부반에 꼬박꼬박 출석하곤 했다.

중학교 2학년 무렵에 고교 입시 제도가 연합고사를 치른 뒤 학군 내에서 추첨하여 배정되는 방식으로 바뀌었다. 나는 경기여자고등학교로 배정되었다. 경기여고는 1908년에 설립되어 오랜 역사와 전통을 자랑하던 학교로 내가 다니던 신림여중에서는 단 2~3명만이 진학하던 여고 중에 최고 명문으로 꼽히던 학교였다. 고교 평준화 덕분에 경기여고생이 된 것이다.

고1 때인가 '십일조'에 관한 설교를 처음 들었다. 그당시 나는 용돈벌이로 초등학생에게 산수를 가르치는 과외를 했었는데, 교회에서 배운 대로 망설임 없이 첫 용돈의 '10분의 1'을 떼어 하나님께 십일조 헌금을 드리고, 남은 돈으로 부모님의 내복을 사 드렸던 기억이 난다. 첫 월급을 타면 부모님 내복을 사 드려야 한다는 얘기를 어디선가 들었기 때문이다.

그렇게 내 생애 처음 번 돈의 십일조를 떼어 하나님께 구별하여 드린 것을 시작으로 이후 지금까지 실천해 오고 있다. 정신없이 사느라 십일조를 했는지 안 했는지 기억이 가물가물하면 아예 십일조를 한 번 더 하곤 했다. 그리고 십일조를 칼같이 계산해서 내거나 에 누리하지 않고, 되레 더 보태어 내곤 했다. 만약에 8만 원을 벌었다면, 8,000원을 십일조로 내는 게 아니라 1만 원을 내는 식이다.

상경한 지 6년여가 지나도록 우리 집은 여전히 가난했다. 아버지는 맏딸인 내가 두 남동생을 뒷바라지해야 하니 대학은 일찌감치 포기하고 돈을 벌어야 한다고 말씀하셨다.

내가 다니던 경기여고는 인문계 학교였지만, 대학 진학을 포기한 학생들의 취업을 돕는 '직업반'이 두 개 반으로 따로 있었다. 고등학교를 졸업하자마자 사회에 진출하는 것을 돕는다는 뜻으로 '사회 진출반'이라 불렀는데, 우리는 줄여서 '사진반'으로 부르곤 했다. 나는 고2 때 아버지의 뜻을 따라 직업반을 선택했고, 그곳에서 사회에 진출할 때 필요한 주산, 부기, 타자, 일반 상식 등을 배웠다.

등굣길에 버스 안에서 또래 친구들이 모의고사 성적이 어떻고, 예비고사 준비하느라 스트레스를 받는다는 둥 앓는 소리 하는 걸 들으면 얼마나 부러웠는지 모른다. '나도 너희처럼 대학에 갈 꿈이나 꿀 수 있으면 얼마나 좋을까?' 하고 생각했다.

나는 고3 때 각종 자격증을 다 땄고, 성적은 상위권이었다. 그 덕분에 졸업하기도 전에 대우종합상사 입사 시험을 봤고 합격했지만, 가족이 미국에 이민하게 되어 입사를 포기해야만 했다. 먼저 미국에 이민 가 계셨던 고모님들의 가족 초청 이민 비자가 때마침 나왔던 것이다. 아버지는 어차피 가정 형편이 어려우니 두 아들을 대학 보내기에는 미국이 더 낫겠다고 생각하셨다. 당시 미국은 일한 대로 돈 벌 수 있는, 기회가 많은 나라로 알려져 누구나 아메리칸드림을 꿈꾸던 시절이었기 때문이다. 1981년 10월, 우리 가족은 한국을 떠났다.

두 번째 처마

: 의지로 선택한 십이조

고등학교 3학년을 마치기 전에 미국에 이민했으니, 학업을 이어 가야 하는데 영어가 부족해 2학년으로 한 학년 낮추어 갈 수밖에 없었다.

학교생활에 적응하기보다는 맏딸로서 부모님을 도와 가족의 생계를 꾸리는 것이 우선이었다. 처음에는 영어를 못하니 접시 닦기 일을 시작했는데, 방과 후에 오후 4시부터 자정까지 일주일에 40시간을 일했다. 주말에는 아버지를 따라 병원 청소일을 도왔다. 그때는 주급을 받았는데, 받는 즉시 고스란히 부모님께 드려야 했다. 그러니 십일조 생활은 엄두도 내지 못했다. 고등학교를 5년 만에 졸업하고 대학에 간 후에야 내가 버는 돈을 내 뜻대로 쓸 수 있게끔 허락받았고, 그때부터 십일조 생활을 다시 시작하여 지금까지 꾸준히 해오고 있다.

대학에 입학하긴 했지만, 장차 무슨 일을 하며 살지에 관한 꿈은 딱히 없었다. 그저 남들 다 다니는 학교니 그냥 다닐 뿐이었다. 그러나 한국 유학생들이 모여 만든 교내 성경 공부 클럽만큼은 열심히 다녔다. 결국, 수양회에서 주님을 그야말로 뜨겁게 만났다. 그것을 계기로 내 삶의 목적이 무엇인가를 깊이 고민하게 되었고, '간호학'을 전공하기로 결심했다. 간호사가 되어 중국 선교사로 나가야겠다는 꿈이 생긴 것이다.

그러다가 매일 하는 큐티를 통해 하나님이 신학교를 갈 마음을 주셨고, 나는 기도하고 또 기도하며 하나님께 환경을 통한 확증을 구했다. 거듭 확증을 받은 후에야 1987년, 펜실베이니아에 있는 밸리포지 크리스천 유니버시티(Valley Forge Christian University)라는 신학교에 3학년으로 편입했다. 당시 목회학을 전공하는 여

학생은 5%에 불과했는데, 내가 그중 하나였다. 그러니 전공 수업에는 남학생이 압도적으로 많았다. 게다가 한국 학생은 거의 찾아볼 수 없었다.

기독교 교육학(Christian Education) 첫 수업 시간에 교수님이 누구도 잊지 못할 만큼 창조적인 방법으로 각자 자기소개를 해 보라고 했다. 맨 앞자리에 앉아 있던 터라 순서가 빨리 돌아왔다. 나는 앞으로 나가서 칠판에 내 영어 이름 유니스(Eunice)를 쓰며 유(Eu)와 니스(nice) 사이에 하이픈(hyphen)을 그었다. 그리고 이렇게 설명했다.

"내 이름은 '유니스'입니다. 그런데 하나씩 떼어 읽으면 유(you) 나이스(nice)가 되지요. 그러니 인제부터 나를 부를 때는 '유-나이스'라고 불러 줄래요? 실제로 난 '좋은 사람'이거든요."

그러자 학생들이 모두 웃음을 터뜨렸다. 그때 내 옆자리에 미국인 남학생이 앉아 있었는데, 머지않아 나의 남자친구가 되었다. 그의 이름은 윌리엄 리처드 뉴

콤(William Richard Newcomb), 나는 그를 빌(Bill)이라는 애칭으로 부르곤 했다. 그는 내가 밝게 웃으며 자기소개하는 모습을 보고 호감을 느꼈다고 한다. 빌은 191cm의 장신에 보디빌딩으로 다져진 몸매를 가진 패션모델 출신의 청년으로 나보다 세 살이 더 많지만, 늦깎이 대학생이라 1학년이었다. 미국에서 가장 작은 주인 로드아일랜드주에서 왔는데, 그곳에서는 아시아인을 거의 보지 못했다고 한다. 내가 그의 평생에 처음 만난 아시아 여자였던 셈이다.

빌과 나는 연애를 시작했고, 사귄 지 1년 만에 결혼에 골인했다. 그는 매우 보수적인 가정에서 자란데다가 수녀원에서 운영하는 가톨릭 학교에 다녔다고 한다. 그런데 정작 결혼할 때는 시댁에서는 아무 말 안 하는데, 우리 집의 반대가 거셌다. 시부모님은 오히려 당신들 아들과 같은 신앙을 가진 며느리를 맞게 된 것에 감사해하셨다. 당시에 시아버지는 예수님을 믿지 않으셨는데, 며느리인 내가 전도하자 순순히 따르며 영접 기도까지 하셨다. 그 후로 나를 끔찍이 아끼며 사랑해 주셨다.

결혼하자마자 빌이 내게 십일조 생활을 하느냐고 물었다. 그래서 하고 있다고 하니 자기도 하고 있다면서 이런 제안을 했다.

"각자 십일조 생활을 하던 두 사람이 만나 결혼했으니 앞으로는 힘을 합쳐 '십이조'를 드리는 게 어때?"

수입의 10분의 2를 떼어, 하나는 교회에 십일조 헌금으로 내고, 다른 하나는 가난한 사람들을 돕는 데 쓰자는 것이었다. 당시 남편은 가장 역할을 하느라 근처 병원에서 경비원으로 일하기 시작했고, 나는 한인교회의 파트타임 전도사로 사역하고 있었다. 나는 그의 의견에 선뜻 동의할 수가 없었다.

왜냐하면 나는 졸업을 한 학기 남겨두었지만, 남편은 아직도 2년 반을 더 다녀야 하는 상황이었기 때문이다. 게다가 우리가 결혼을 일찍 한 이유가 무엇이던가? 학생 부부에게는 배우자 한 명의 등록금을 50%나

경감해 주는 특혜가 있기 때문이 아니었는가 말이다. 등록금 부담을 덜기 위해 결혼을 서두를 정도로 우리는 가난한 신학생 부부였다.

그런데 우리 형편에 십일조도 모자라 가난한 사람들을 돌보기 위해 십이조를 떼자고 말하는 남편을 보고 내가 무슨 생각을 했겠는가?

'이 사람이 도대체 제정신인 걸까? 자기가 벌어 오는 돈이 얼마나 되는지는 알고 말하는 것일까?'

우리는 학교가 학생 부부에게 제공하는 8평 남짓한 작은 아파트에서 신혼 생활을 시작했다. 얼마나 좁던지 침대를 놓을 곳이 없어서 다락 공간에 매트리스를 깔고, 그곳을 침실로 사용해야 했다. 부엌은 한 사람이 들어가서 요리하면 꽉 찰 만큼 비좁았다. 신혼 가구를 마련할 돈이 없어서 학교 근처에 있는 가구 경매하는 곳에서 우리 돈으로 약 5만 원에 소파와 탁자를 샀다. 아무도 사는 사람이 없어 값이 계속 내려간 덕분에 필요한 가구를 살 수 있었던 것이다. 이 모두가 하나님의 은혜였다.

신혼여행은 꿈도 꾸지 못하는 빠듯한 신혼 생활이라 우리보다 더 가난한 사람들을 위해 10분의 1을 더 내자고 말하는 남편이 처음엔 야속하게까지 여겨졌다. 하지만 그래도 명색이 신학생 부부인데 헌금을 두고 부부싸움을 할 수는 없는 노릇이었다. 결국은 남편의 제안을 받아들일 수밖에 없었다.

하나님의 채우심을
경험하다

그때부터 우리는 두 개의 봉투를 마련하여 장롱 속에
넣어 두었다. 하나는 십일조 헌금 봉투이고, 다른 하나
는 가난한 이웃을 돌아보고 사용해야 하는 또 하나의
십일조 봉투였다. 우리는 그것을 십이조 봉투라 불렀다.

'가난한 이웃이 과연 누구인가'에 관한 기준은 따
로 없었다. 그때마다 누구를 도우면 좋을지 서로 의논
했다. 주변에서 재정이 필요한 사람들이 눈에 띄면, 그
사람의 상황에 관해 서로 이야기를 나누고 그에게 우
리가 모은 십이조 봉투를 고스란히 건네는 식이었다.
우리가 신학생 부부였던 만큼 주변 신학생들 가운데
학비가 필요한 사람들이 주로 눈에 띄었던 것 같다.

그러다 보니 자연스럽게 이번 달에는 누구를 도와주어야 하나 하고 이웃을 돌아보는 습관이 들었다. 그 덕분에 십일조 헌금이 우리 것이 아닌 하나님의 몫이듯 십이조 봉투 또한 우리 것이 아닌 가난한 사람들의 몫임을 늘 되새길 수 있었으니 감사한 일이다.

그런데 어느 날 우리 집에 먹을 것이 똑 떨어졌다. 수중에는 돈이 없었다. 그래서 남편에게 농담 반 진담 반으로 이렇게 말했다.

"여보! 이번 달 십이조 봉투의 주인공은 바로 우리야! 우리 집에 먹을 게 하나도 없어요! 가난한 우리를 위해 사용하는 게 어떨까?"

그러자 빌이 근엄한 표정으로 안 된다며 단호하게 말했다.

"여보! 한 번 타협하기 시작하면, 다음에 또 타협하게 된다고! 그러면 우리는 십이조 생활을 할 수 없게 돼. 그러니까 안 돼. 한번 결심한 건 끝까지 해야 하는 거야!"

내 남편의 단호함에 "키야" 하고 감탄부터 했다. 무슨 말이든 덧붙이면 내 영적 자존심이 깎일 것만 같아서 시원하게 웃으며 알았다고 고개를 끄덕였다. 자기만 신학생인가? 이래 봬도 나도 신학생이라고!

그런데 그날 참으로 신기한 일을 경험했다. 아침 시간이었는데, 누가 우리 집 현관문을 세게 두드리는 것이 아닌가. '아니. 대체 누가 이 아침에?' 하고 문을 열었더니 사람은 보이지 않고, 문 앞에 음식이 가득 담긴 사과 상자가 하나 놓여 있었다. 대용량 우유 한 통과 시리얼과 바나나와 파인애플 등등이 들어 있었다.

누가 갖다 두었는지 몰라 어리둥절해하고 있을 때 전화벨이 울렸다. 같은 아파트에 사는 학생 부부였다. 부부가 아침 예배를 드리는데, 주님이 우리에게 음식을 갖다 주라고 말씀하셔서 그 말씀에 순종했을 뿐이라고 했다. 오, 주여! 우리는 그날 "일용할 양식"을 주시는 하나님을 경험했다.

십이조 생활에 익숙해질 즈음 남편이 또 다른 제의

를 해 왔다. 요는 '가난한 사람들을 돌아보는 데서 그쳐서야 되겠느냐? 또 다른 십일조를 더 구별하여 드려서 주위의 하나님의 자녀들을 기쁘게 하는 데 쓰자'는 얘기였다. 이웃에게 생일 선물이나 결혼기념일 선물을 줌으로써 기쁨과 감동을 주자는 것이다. 그러기 위해서는 십이조 봉투 외에 십삼조 봉투를 하나 더 만들어 돈을 구별하여 모아야 한다고 했다.

처음 십이조를 제의받았을 때와 달리 이번에는 아무런 이의도 제기하지 않고, 곧바로 동의했다. 그때부터 우리는 우리가 얻는 모든 수입에서 10의 3을 구별하여 떼어 놓기 시작했다. 어차피 우리가 가진 모든 것이 하나님의 것이니 10의 2를 떼나 3을 떼나 주님에게는 번거로운 구분이 아닐 것이고, 오히려 우리에게는 재미있는 일이 될 것 같았다.

"너그러운 사람에게는 은혜를 구하는 자가 많고 선물 주기를 좋아하는 자에게는 사람마다 친구가 되느니라"(잠 19:6)라는 잠언 말씀처럼 십삼조 생활을 하기 시작하니 친구들이 날로 늘어나고 우리의 '인간관계' 또한 더욱 풍성해져 갔다.

십삼조 생활을 하면서부터 내 기쁨은 나날이 커져 갔다. 사람들에게 감동을 주는 기쁨을 알게 되었기 때문이다. 특별히 기억에 남는 에피소드가 있다. 훗날 여의도순복음교회에서 파송 받아 케냐 선교지에서 일하다가 본 교회 청년국으로 발령을 받아서 약 5년 동안 대학 캠퍼스 사역 부서인 CAM(Christ Ambassador Mission) 내셔널 디렉터(National Director)로 사역하던 때의 일이다. 당시 청년국에는 8명의 여자 전도사가 있었는데, 대개 싱글이었다. 청년국 주관의 큰 행사를 마친 뒤에 그동안 모아 두었던 십삼조 봉투를 헐어 그들 모두에게 "그대의 해 같은 섬김에 감사하다"는 메시지와 함께 빨간 장미 100송이를 선물로 보냈다. 받는 사람도 기뻤겠지만, 장미꽃을 주문하는 순간 내가 더 기뻤는지도 모른다. "꽃을 건넨 사람의 손에는 꽃향기가 남는다"는 중국 속담처럼 내 마음에 감사의 향기가 진하게 남았다.

그뿐 아니라 식당에서 아는 사람들이 둘러앉아 식사하는 모습이 보이면 말없이 그들의 식사비를 계산하고 나가곤 한다. 나중에 그들이 알아차리고, "어머! 목사님. 너무 감동적이었어요!" 하고 인사하면 "내가 남들 감동 주는 게 취미잖수! 취미 생활을 즐기게끔 해 준 그대들이 더 고맙지!" 하고 너스레를 떨곤 했다. 이것은 십삼조를 해 본 사람만이 아는 즐거움이다.

딸 수진이는 아주 어릴 때부터 부모가 십삼조의 기쁨을 누리는 모습을 어깨너머로 보았다. 그래서 용돈을 받으면 자연스럽게 10분의 3을 구별하여 하나는 교회에 십일조로 내고, 또 하나는 가난한 친구들을 위해 사용하고, 나머지 하나는 친구들을 기쁘게 하는 데 사용하곤 한다. 자녀에게 소중한 유산을 미리 남겨 준 것 같아 뿌듯하다.

먼저 그 나라를,
그다음으로 타인을

●

십일조는 말씀에 순종하는 결단이다. 십일조는 생활로 나타나게 마련이고, 재정 훈련은 지경을 넓혀 십이조도 실현 가능하게 해 준다. 사람의 노력이나 결단이 가능하게 하는 것이 아니라, 하나님의 전적인 주권으로만 가능하다고 생각한다.

내가 돈을 쓰는 대상이나 영역을 살펴보아야 한다. 십일조 헌금 봉투외에 다른 사람들을 돕는 십이조의 봉투가 있는가? 하나님의 자녀들을 기쁘게 하는 데 쓰는 또 다른 봉투가 있는가? 봉투를 두둑하게 채우는 액수가 아니라 우리 마음의 중심을 보시는 하나님께서 우리 마음을 기쁨으로 가득 채우실 것이다.

▬

적용 십일조나 헌금 등 돈을 쓰는 원칙이 있는가? 헌금 생활을 통해 주님이 주신 감동과 기쁨을 맛보는 일을 떠올려 보고 이러한 열매들을 계속해서 달라고 기도하자.

가랑비에 젖지 않게
피할 처마를 구하는 기도

●

주님! 우리는 교회에서 십일조 생활의 필요를 배웁니다. 십일조를 드릴 때 복을 받기를 원하는 마음보다 내게 있는 모든 것이 하나님의 것인데, 그것을 주님께 고백하기 위해 10분의 1을 구별하여 주님께 드립니다.

이렇게 드리니 내게 복을 달라고 기도하는 것이 아니라, 이미 받았음에 감사하다고 주님께 조금이나마 돌려 드리는 것입니다. 이러한 조그만 마음의 표현에도 주님이 기뻐하여 주시고 주님의 임재가 제게 충만히 느껴지게 하시니 그것이 더 큰 감사가 아닐 수 없습니다.

주님께 헌금하고 이웃의 재정적인 필요를 돌아보는 시간 시간마다 이 모든 것이 하나님으로부터 말미암은 것임을 잊지 않도록 도와주옵소서!

2

맘몬과 맞설
무기를 주시다

나는 십일조를 넘어 십이조를 드리고, 십이조를
넘어 십삼조를 드림으로써 맘몬으로 상징되는 돈
의 위력에 눌리거나 휘둘리지 않고, 오히려 돈을
다스릴 수 있는 믿음에 이르렀다. 그렇게 되기까
지 일련의 훈련 과정을 통해 맘몬에 맞설 무기를
장착해 나갔다.

첫 번째 무기

: 기도

신학교를 졸업하자마자 나는 워싱턴 순복음제일교회
에서 교육전도사로 사역을 시작했다. 당시 정운교 케
냐 선교사님이 교회 가족 수양회에 강사로 오시게 되
었다. 수양회가 끝나갈 무렵 정 선교사님이 케냐에 목
회자를 양성할 신학교를 세울 텐데, 그곳에서 교수 사
역을 해 보지 않겠느냐고 우리 부부에게 물으셨다. 우
리는 기도해 보겠다고 대답했다. 그다음 해에도 정 선
교사님이 수양회 강사로 초청되어 오셨는데, 우리에게
케냐 선교사로 헌신할 것을 재차 권면하셨고, 우리는
기도해 보고 결정하겠다는 말씀을 드린 후 둘이서 진
지하게 기도한 후에 하나님의 인도하심에 대한 확신

이 들어서 아프리카 케냐로 떠나기로 결심했다.

내가 사역하던 교회가 기독교대한하나님의성회(순복음) 소속이었기에 아프리카 선교사로 정식 파송을 받기 위해 나는 한국으로 날아와 여의도순복음교회에서 심사를 통과한 뒤에 1994년 2월 드디어 케냐 선교사로 파송 받게 되었다.

선교지로 떠나기 전에 본 교회 소속의 '아프리카 선교회'에 인사하러 갔다. 새내기 선교사로서 일종의 파송 신고식을 하러 갔다고나 할까? 그때 성도들 앞에서 이렇게 인사했던 기억이 난다.

"저는 선교사가 구걸하는 사람이라고 생각하지 않습니다! 나중에 우리 성도님들이 제가 선교지에서 재정난에 쪼들려 어렵게 생활한다는 소식을 듣고, 혹여 불쌍한 마음에 헌금함에 봉투를 넣어 주신다면 저는 그 헌금은 받지 않겠습니다. 그러나 제 재정 상태와 상관없이 성도님들이 기도하는 가운데 하나님이 저에게 선교 헌금을 보내라는 마음을 주셔서 순종하는 마음으로 보내 주시는 헌금이라면 기꺼이 받겠습니다."

나는 자존심이 무척 강한 사람이다. 그런데 그때까지 나에게 선교사의 이미지는 늘 사람들에게 선교지에서의 어려움을 호소하며 동정심을 유발하여 헌금을 받아 가는 사역자들이었다. 꼭 '앓는 소리'를 해야만 성도들의 헌금 지원을 받을 수 있단 말인가 하는 의구심이 들었다. 그래서 주님이 허락하시는 헌금만을 받겠다고 더더욱 당당하게 말했던 것이다.

막상 선교지에 가 보니 생각했던 것보다 환경이 더 열악했다. 처음 얼마간은 집에 양식이 똑 떨어질 정도로 먹고살기가 힘들었다. 그야말로 "내 코가 석 자"라 십이조 생활은 사치로 여겨질 정도였다.

28년 전, 선교사로서 내가 받은 첫 월급은 약 80만 원이었다. 당시 월세가 25만 원 정도였으니 십일조 헌금을 하고 난 나머지 돈으로 생활해야 했다. 초짜 선교사인지라 정기적으로 후원해 주는 성도들도 거의 없었다.

나는 저녁마다 집 근처를 걸으며 '기도 산책'을 했는데, 하루는 기도로 하나님께 답답한 마음을 털어 놓았다.

"주님! 제가 선교하러 케냐까지 왔는데, 이렇게 먹을 것이 없을 정도로 곤궁하게 살아야 합니까? 이건 정말 아닌 것 같네요. 제가 친구가 얼마나 많은지는 주님도 잘 아시지요? 그 친구들이 한 달에 20달러씩만 보내 줘도 10명이면 200달러인데, 어쩌면 선교 헌금을 보내는 친구가 단 한 명도 없을까요? 그리고 교회에 여전도회도 있고 남전도회도 있는데, 어쩌면 저한테 '전도사님, 얼마나 수고가 많으세요. 정성껏 모은 선교 헌금을 보내니 부디 힘내세요!'라는 편지 한 장 없느냔 말입니다. 제가 케냐로 오기 전에는 친구들이나 교회 교인들이 다들 힘껏 도와줄 것처럼 말하더니 어쩌면 이렇게도 감감무소식일 수가 있지요? 이건 아니지 않나요?"

그야말로 기도로 구시렁구시렁 하소연한 것이다. 평소에도 걸으면서 주님과 대화하듯이 기도하곤 했다.

나의 모든 감정을 시시콜콜 스스럼없이 이야기할 정도로 나는 주님을 매우 친밀하게 여겼다. 내가 말을 하든 안 하든 내 마음의 모든 행사를 알고 계시는 분이 아닌가. 주님은 언제나 내게 다정다감하신 사랑의 하나님이시다. 그러니 쥐꼬리만 한 월급을 받아 하루하루 근근이 살아가는 내게 월 20만 원의 후원금이 얼마나 유용할지 아시지 않느냐고 신세타령이라도 하고 싶었던 것이다.

그때 주님이 나에게 마음의 음성을 들려주셨다.

"유니스야, 사람은 사랑할 대상이지 기대할 대상이 아니란다! 너는 감사해야지! 네가 누구인데, 너를 위해 사람들이 기도해 준단 말이니? 그 기도가 얼마나 소중한 것인지 너는 알고 있니? 너는 많은 사람으로부터 기도를 받고 있단다. 그러니 감사할 줄 알아야 해! 재정은 내가 책임지마! 너는 명심하여라. 사람은 절대로 기대할 대상이 아니라 사랑할 대상이라는 것을!"

나는 주님의 음성을 듣고 입을 다물었다. 감사의 고

백이 곧바로 나오지는 않았지만, 그래도 삐죽삐죽하던 입술은 들어갔다고나 할까?

바로 그다음 날, 우체국에 편지가 와 있다는 메시지가 왔다. 당시 케냐에는 집집이 우체통이 없었기 때문에 우체국의 사서함을 이용해야 했다. 매달 이용료를 내고 쓰는 유료 서비스였다. 사서함을 열어 보니 선교사로 떠나오기 전에 사역했던 미국 워싱턴 순복음제일교회에서 온 편지가 들어 있었다. 내용은 이러했다.

"전도사님, 케냐에서 얼마나 고생이 많으세요! 저희가 정성껏 모은 선교 헌금을 보내 드립니다. 부디 힘내세요!"

세상에나! 마치 내가 주님 앞에 구시렁구시렁 올렸던 그 기도를 옆에서 듣기라도 한 듯 내가 받고 싶었던 내용 그대로를 보내왔다. 선교 헌금을 보니 무려 300달러가 적힌 수표였다. 그런데 한 장이 아니었다! 여전도회에서 한 장, 남전도회에서 한 장, 신망애회(어르신들의 전도회)에서 한 장! 각 전도회에서 300달러씩 모두 900달러를 보내왔다. 선교사 한 달 치 월급 800달러보다도 많은 헌금이 들어온 것이다. 너무나 감사하면서도 한편으로는 주님께 송구스러웠다.

'에효! 이렇게 큰 헌금이 들어올 줄 알았더라면 하루만 참을걸. 어쩌다 내가 주님께 믿음 없는 소리를 투덜투덜했을꼬!'

주님이 다시 한번 "사람은 기대할 대상이 아니라 사랑할 대상임을 항상 명심하렴!" 하고 말씀하시는 듯했다. 이로써 선교사로서 받는 '재정 훈련'이 본격적으로 시작되었다.

> 내가 궁핍하므로 말하는 것이 아니니라 어떠한 형편에든지 나는 자족하기를 배웠노니 나는 비천에 처할 줄도 알고 풍부에 처할 줄도 알아 모든 일 곧 배부름과 배고픔과 풍부와 궁핍에도 처할 줄 아는 일체의 비결을 배웠노라 내게 능력 주시는 자 안에서 내가 모든 것을 할 수 있느니라_빌 4:11~13

훈련병은 조교의 말을 잘 들어야 하는 법이다. 주님은 선교사는 자족하기를 배워야 한다고 말씀하신다. 친히 재정 훈련을 시켜 주시는 하나님의 말씀을 잘 들으려면, 대화의 통로인 '기도'는 필수다.

기도라고 하면 대개 하나님께 이것저것 청하는 간구부터 떠올리는데. 맘몬과의 영적 전쟁에서 승리하려면, '대적 기도'라는 무기를 반드시 손에 쥐어야 한다. 돈에 대한 걱정이나 돈으로 생길 만한 여러 부정적인 감정을 대적 기도로 모조리 물리쳐야 하기 때문이다.

대적 기도란 참으로 간단하다. "나사렛 예수의 이름을 명하노니 악한 영은 떠나가라!"고 명령하면 된다. 악한 영은 다양한 이름으로 불린다.

'무기력의 영, 음란의 영, 미움의 영, 질투의 영, 시기의 영, 자기비하의 영, 자기연민의 영, 분노의 영, 게임중독의 영, 노름의 영, 무절제의 영, 사치의 영, 자살의 영, 폭력의 영, 알코올의 영, 니코틴의 영, 포르노의 영, 탐심의 영 등등' 자기가 지금 겪고 있는 문제를 야기한 악한 영들의 이름을 부르며 꾸짖는 것이다. 성경은 "마귀를 대적하라 그리하면 너희를 피하리라"(약 4:7)라고 분명히 말한다. 뒤집어서 말하면, 대적하지 않으면 마귀가 떠나지 않는다는 뜻이다.

우리는 필요할 때마다 대적 기도의 무기를 들어야 한다. 그러면 영적 승리를 경험하게 될 것이다. 재정 훈련도 예외가 아니다.

두 번째 무기

: 신뢰

선교지 생활에 익숙해지자 우리는 곧바로 십이조 생활을 다시 시작했다. 신학교 시절에는 학우 중에서 형편이 어려운 이들을 주로 도왔던 만큼 선교지에서도 이웃 선교사들을 먼저 돌아봤다. 특히 단기 선교사로 와 있는 이들을 돌보는 데 십이조를 썼다.

우리 부부는 결혼한 지 8년이 되도록 아기가 없었다. 그런데 선교지 케냐에 도착한 지 얼마 안 되어 임신한 것을 보니 하나님이 우리의 헌신을 기쁘게 받으시고 아기를 선물로 주셨다는 생각이 들었다. 만삭 무렵에 미국에 들어가서 딸을 낳았고, 딸에게 수진이라는 이름을 지어 주었다. 100일 정도 몸조리한 후에 수진이를 데리고 케냐로 돌아왔다.

우리는 수진이가 십일조와 십이조를 넘어선 십삼조 생활이 주는 기쁨을 일찌감치 깨닫기를 바랐다. 어려울 것 없다. 그저 부모로서 우리 생활을 그대로 보여 주기만 하면 된다.

수진이가 4살 즈음 되었을 때의 일이다. 케냐 우리 집에 단기 선교사가 머물다 간 적이 있다. 수진이는 그를 삼촌이라 불렀는데, 어느 날 딸아이에게 봉투 하나를 내밀면서 "수진아, 이건 십이조 봉투란다. 주변에 도움이 필요한 이웃이 있는지 돌아보고, 그들의 필요를 채워 주기 위해 엄마랑 아빠가 따로 구별하여 넣어 두는 헌금이야. 이걸 삼촌에게 전해 주고 오겠니?" 하고 심부름을 시켰다. 이런 일을 통해 수진이는 이웃을 돌아보고 그들의 필요를 채워 주는 일을 당연히 여기며 자랄 수 있었다.

그로부터 얼마 지나지 않아 미국 친정으로부터 급보가 날아들었다. 어머니가 몹시 편찮으시니 서둘러 돌아오라는 것이다. 마음 같아선 당장에라도 날아가고 싶었지만, 당장 비행기 표를 살 돈이 없었다.

이를 어떡하나 하고 발을 동동 구르며 기도하는 중에 선배 선교사님으로부터 식사 초대를 받았다. 근심이 가득한 상태라 한가로이 누구 집을 방문하여 식사할 마음의 여유가 없었다. 그래서 내 상황이 이러저러해서 식사 초대에 응하지 못하겠노라고 양해를 구했더니 선배 선교사님이 "어른이 오라고 하면 얼른 와야지!"라고 엄하게 말씀하셨다. 나를 무척 아껴 주시던 분이라 바로 사과드리고 즉시 달려갔다. 식사를 마치고 나자 선교사님이 봉투 하나를 건네며 친정어머니 병문안 갈 때 보태라고 말씀하셨다. 그 순간, 울컥하여 눈물이 솟았다.

집에 돌아와 봉투를 열어 보니 1,000달러가 들어 있었다. 당시 미국까지 왕복 비행기 표 값이 1,140달러였으니 얼추 채워진 것이다. 감사한 마음에 딸아이를 품에 안고 봉투를 보여 주며 이렇게 말했다.

"수진아, 얼마 전에 우리가 삼촌한테 십이조 헌금 봉투를 드렸잖아. 그런데 이번에는 우리가 헌금 봉투를 받았단다. 엄마가 외할머니를 뵈러 미국에 가야 하는데, 할아버지 선교사님이 잘 다녀오라고 비행기 표 값을 주신 거야. 놀랍지? 하나님은 우리 필요를 잘 아시는 분이야. 이렇게 사람을 통해서 서로의 필요를 채워 주신단다. 우리 수진이도 늘 이웃을 돌아보고, 십이조 봉투를 채워 전달하는 게 얼마나 기쁜 일인지 기억하렴!"

하나님의 놀라운 은혜는 여기서 그치지 않았다. 그 다음 날은 마침 토요일이라 늘 하던 대로 '목회자 사모 학교'에 강의하러 갔다. 당시 나의 주 사역은 4년제 신학 과정을 밟지 못한 현지 목회자들을 위해 개설한 신학교에서 강의하는 것이었다. 일하다 보니 목회자뿐 아니라 사모들에게도 교육이 필요함을 느껴서 '목회자 사모 학교'를 세우게 되었다. 선교 사역의 매력 중 하나는 창세 이후 아무도 하지 않은 일을 최초로 시작할 수 있다는 것이다.

목회자 사모 학교에서 강의하며 지난 며칠 사이에 벌어졌던 일들과 그것을 통해 체험한 하나님의 은혜에 관해 간증했다. 수업이 끝나고 사모님 한 분이 사무실로 찾아왔다. 덥석 내 손을 잡으며 이렇게 말했다.

"참 이상하죠? 아침에 학교로 오는데, 주님이 제게 있는 돈을 모두 유니스 선교사님께 주라고 하시는 거예요. 이유는 말씀 안 하시고, 있는 걸 다 주라고만 하시니 제가 그랬죠. '주님, 저와 한국에서 온 선교사님 중에 누가 더 돈이 많겠어요? 가난한 제게 있는 돈을 모두 선교사님에게 주라고 말씀하시니 어찌 된 일인가요?' 그렇게 말씀드리긴 했지만, 그래도 주님의 말씀에 순종하여 가진 돈을 모두 가져왔답니다. 수업 시간에 선교사님의 간증을 듣고, 비로소 깨달았지요. '아, 선교사님이 마음 편히 미국에 다녀오실 수 있도록 해 드리라는 것이구나' 하고요. 이게 제가 가진 전부랍니다."

그녀가 내 손에 고이 접은 돈을 쥐여 주었다. 40달러였다. 당시 현지 목회자의 한 달 사례비가 40달러가량이었으니, 그녀는 내게 그 가정의 한 달 치 월급을 모두 준 셈이다. 이렇게 해서 미국행 왕복 비행기 표 값이 완벽히 채워졌다.

지금도 그때 일을 떠올리면 울컥할 만큼 감격스럽다. 하나님이 정말로 신실하신 분임을 생생하게 체험했기 때문이다. 하나님은 내가 궁핍할 때에 나의 필요를 정확히 채워 주시는 분이다! 그동안 우리 부부가 이웃을 위해 나눈 십이조 봉투는 흘러가기만 한 것이 아니다. 하나님이 보시고 기억해 주셨다. 그리고 우리가 필요할 때마다 마치 은행에 맡겨 놓은 돈을 찾듯이 꺼내 쓸 수 있도록 베풀어 주셨다. 지금까지 이처럼 우리 필요를 채워 주시는 하나님을 한두 번 경험한 것이 아니다. 오늘도 내가 십삼조를 통해 맘몬을 다스리고, 돈을 다스릴 수 있는 것은 신실하신 하나님을 전적으로 신뢰하기 때문이다.

주님을 향한 신뢰야말로 우리에게 주어진 강력한 무기다. 주님은 "내가 너보다 앞서가서 험한 곳을 평탄하게 하며 놋문을 쳐서 부수며 쇠빗장을"(사 45:2) 꺾겠다고 말씀하신다.

나의 남편 빌은 주님의 말씀을 실감하게 해 주는 사람이다. 케냐 선교사로 처음 파송되어 갈 때, 빌이 나보다 먼저 케냐로 출발하겠다고 했다. 미리 가서 우리가 살 집을 비롯하여 필요한 모든 것을 준비해 두겠다는 것이다. 내가 사역하는 데 조금이라도 불편함이 없도록 배려한 것이다. 빌의 아내 사랑이 얼마나 깊은지는 주변 사람들이 잘 안다. 아내 사랑이 너무 지극하여 하나님을 가리는 우상이 될까 봐 회개할 정도이니 말이다.

우리는 자기 앞날이 어떻게 펼쳐질지 알지 못한다. 그러나 이것만은 믿음으로 알 수 있다. 주님이 우리보다 앞서가서 우리를 위해 길을 평탄하게 하시며 모든 필요를 채워 주시리라는 것을 말이다. 이 단순한 믿음이 하나

님을 기쁘시게 할 뿐만 아니라 우리에게 큰 힘을 줄 것
이다.

세 번째 무기

: 감사

나는 "귀한 섬김 감사합니다" 또는 "축복합니다"라고 쓰인 천사 모양의 예쁜 이모티콘을 즐겨 사용한다. 특별히 선교 후원금을 보내 주신 분들에게 인사차 자주 보내곤 한다.

가끔 이런 상상에 빠질 때가 있다. 주일학교에서 달란트 시장이 열리면 선생님은 아이들에게 달란트를 미리 나눠 주곤 한다. 아이들은 칭찬거리가 많을수록 달란트를 많이 받을 수 있고, 달란트를 가장 많이 모은 아이가 결국은 가장 큰 상을 받게 되지 않는가? 이처럼 내가 후원자들에게 보내는 감사 이모티콘이 천국에서 열리는 달란트 시장의 달란트로 쓰인다면 어떨까 하고 상상해 본다. 재밌지 않은가? 후원 금액이 많든 적든 상관없이 꾸준히 보내 주시는 분들에 더 많은 이모티콘이 보내질 것이다. 그분들이 큰 상을 받게 되기를 바랄 뿐이다.

나에게 매달 감사를 안겨 주시는 분들 덕분에 나는 하늘나라를 확장하는 사역에 매진할 수 있다. 감사를 통해 이 사역을 꾸준히 해 나갈 힘을 얻는 것이다.

얼마 전에 안식월을 맞아 4개월간 미국에 가 있느라 케냐 현지의 우펜도(Upendo) 사역을 부득이 멈출 수밖에 없었다. 스와힐리어로 '사랑'이란 뜻의 우펜도 사역은 초등학교 학생들에게 아침 등굣길에 간식을 주는 사역인데, 실제로 아침밥을 굶고 등교하는 아이가 많아서 근처 학교에서 먼저 부탁을 해 와서 시작한 일이다. 그동안 매일 아침 600여 명에게 간식을 나눠 주었는데, 사정상 멈추게 되었다고 온라인 묵상 글에 올렸더니 어떤 분이 문자를 보내왔다. 우펜도 사역의 4개월 치 간식비가 얼마나 되는지 물어와서 음료수까지 포함하면 근 1천만 원 정도 들 것이라고 대답했다. 그랬더니 자신이 그만큼 헌금할 테니 사역을 멈추지 말아 달라고 부탁했다. 곧바로 1천만 원이 입금되었다.

생각지도 못한 헌금에 놀라워하며 그분에게 감사 편지를 보내고, 우펜도 카페를 담당하는 플로런스에게 기쁜 소식을 전하며 당신이 혹시 열심히 기도한 것 아니냐고 물었다. 그랬더니 플로런스가 울먹이며 아이들에게 간식을 못 주게 되어 마음이 너무 아파서 매일 울며 누군가가 도움을 주기를 기도했다고 털어놓았다. 나는 그녀에게 당신 기도 덕분일 것이라고 짐작했다고 말하며 하나님이 당신의 기도를 들으셨고, 그 응답을 주셨으니 감사하다고 인사했다. 아이들을 사랑하는 당신의 마음이 참으로 귀하다고 진심으로 찬사를 보냈다. 그리고 후원해 주신 분에게도 이 이야기를 들려 주었더니 그분이 오히려 자기가 로또에 당첨된 것 같다며 감사해했다. 이처럼 감사는 우리에게 선한 일을 계속해 나갈 힘을 준다.

예레미야 선지자는 "우리가 헛되이 도움을 바라므로 우리의 눈이 상함이여 우리를 구원하지 못할 나라를 바라보고 바라보았도다"(애 4:17)라고 말했다. 우리는 하나님께 기도한다고 하면서도 사실 사람의 도움을 바랄 때가 있다. 나아가 돈의 도움을 바라기도 한다. 그러나 하나님이 아닌 맘몬을 바라볼 때, 우리가 청하는 도움은 헛된 것이 되고 만다. 맘몬은 우리를 돕는 자가 아니라 우리 목을 쥐고 주인 노릇 하려는 자이기 때문이다. 맘몬의 손을 물리치려면 감사라는 무기를 들어야 한다.

내가 선교지에 가서 배운 첫 번째로 배운 것은 "무조건 감사"였다. 물이 안 나오면 전기가 들어오는 것에 감사하고, 전기가 안 들어오면 물이 나오는 것에 감사했다. 물도 전기도 끊기는 날에는 물과 전기를 썼던 날을 추억하며 감사했다. 지금 생각하면 쥐어짜서라도 감사하려고 노력했던 것 같다. 감사야말로 물러서지 않을 힘을 주는 무기이기 때문이다.

요즘은 매월 1일이면 자동이체로 헌금을 보내시는 분들이 300~400명이나 된다. 한 달에 5,000명이 넘는 분들이 선교 헌금을 보내 주시는 것 같다. 5,000원을 보내는 분들이 가장 많고, 1만 원 후원자가 그다음으로 많다. 액수와 상관없이 꾸준하게 보내 주시는 모든 헌금에 진심으로 감사를 느낀다.

　그러나 내가 바라보는 것은 그들의 손이 아니다. 그들 마음에 감동을 주시는 하나님 아버지만 바라볼 뿐이다. 하나님께 드리는 감사와 사람에게 전하는 감사로 오늘도 내게 맡기신 귀한 사역을 이어 간다.

맘몬에 맞설
무기를 가져라

●●

하나님께 쓰임 받는 통로가 되기 위해서는 세 가지 무기가 있어야 한다. 현대를 살아가는 그리스도인이라면 선교사든 아니든 쥐어짜서라도 감사하려고 노력해야 한다. 감사야말로 대적에 맞서 물러서지 않을 힘을 주는 무기이기 때문이다.

두 번째는 하나님의 말씀을 잘 듣기 위해서 대화의 통로인 '기도'의 무기를 가져야 한다. 특히 맘몬과의 영적 전쟁에서 승리하려면, '대적 기도'라는 무기를 반드시 손에 쥐어야 한다. "마귀를 대적하라 그리하면 너희를 피하리라"(약 4:7)라는 말씀처럼, 대적하지 않으면 마귀가 떠나지 않기 때문이다.

세 번째 강력한 무기는 주님을 향한 신뢰다. 우리는 앞날을 모르지만 주님이 우리의 모든 필요를 채워 주시리라는 것은 믿음으로 알 수 있다. 이 단순한 믿음이 하나님을 기쁘시게 할 뿐만 아니라 우리에게 큰 힘을 준다.

맘몬으로 상징되는 돈의 위력에 눌리거나 휘둘리지 않고, 돈을 다스릴 수 있는 비결은 일련의 훈련 과정을 통해 주님이 주시는 무기를 장착해 나가는 것이다.

적용 재정 문제로 하나님의 말씀을 외면하거나 영적으로 무너진 경험이 있는가? 그 일을 회개하고 주님 앞에 내어 드리고 결단하는 시간을 갖자.

무기가 없어 실패했지만
주님께 무기를 구하는 기도

● ●

하나님, 주님이 주신 '예수 그리스도의 이름'이 너무나 감사합니다! 세상 신 맘몬이 버겁게 느껴질 때, 그리스도의 이름으로 언제나 어디서나 기도로써 자신 있게 나아갈 수 있으니 저의 큰 영적 무기가 아닐 수 없습니다!

'간구함'의 기도도 예수 그리스도의 이름으로! 욕심과 탐욕이나 자기연민이나 돈과 관련된 많은 부정적인 세력들 역시 '예수 그리스도'의 이름으로 대적할 수 있으니 감사합니다!

기도 없이는 그 어느 것도 할 수 없습니다! 이 땅에서 맘몬 신과 맞장떠서 항상 이길 수 있는 능력을 주시고, 예수 그리스도의 이름으로 함께할 수 있게 해 주시니 감사합니다!

3

●●●

맘몬을
다스리게 하시다

우리의 영혼이 사냥꾼의 올무에서 벗어난 새같이 되었나니 올무가 끊어지므로 우리가 벗어났도다_시124:7

선교사의 중보기도는
무료가 아니다

20년쯤 전에 케냐 선교지에 기도원을 짓기로 했다. 공사를 시작했는데, 늘 그렇듯 공사가 진행될수록 예기치 않은 일들이 벌어지며 예산보다 비용이 훨씬 더 크게 들게 되었다. 결국, 1만 달러가량이나 모자라는 지경에 이르렀다. 기도굴까지 만들려면 3,000달러가 더 필요한 상황이다. 모자란 공사비를 채우기 위해 기도를 계속했다.

그러던 어느 날, 주님이 내게 어떤 집사님의 이름을 떠올리게 하시더니 그에게 헌금을 제안해 보라고 하셨다. 나는 반사적으로 "앗! 주님, 그건 제 스타일이 아닌데요?" 하고 난색을 표했다. 그때까지 나는 웬만하면 후원 계좌를 공개하지 않고, 필요할 때마다 하나님께 고하기만을 고집해 왔기 때문이다. 그런데 주님이 "종의 직분은 주인이 하라는 대로 하는 것이니 너는 순종하여라"라고 말씀하셨다.

주님이 떠올려 주신 집사님에게 연락했다. 그분은 매년 5월, 서울 본 교회에서 세계선교대회가 열릴 때즈음 각국 선교사들이 속속 귀국하는데, 그때마다 자신이 운영하는 회사를 통해 선교사들을 초청하여 식사 대접을 하고 원주민 선교사들을 포함한 모든 선교사에게 50만 원씩 선교 헌금을 하는 집사님이었다. 지금은 장로님이 되셨다.

그분은 선교사들을 후히 대접한 뒤에 자신의 기도 제목을 프린트하여 한 장씩 나눠 주곤 했다. 그래서 나도 선교지에 돌아와 매일같이 그분이 주신 기도 제목을 읽으면서 중보 기도를 했다. 우리 선교사들을 후히 선대하시는 모습에 감동하여 중보 기도를 통해서라도 '사랑의 빚'을 갚고 싶은 마음이 있었기 때문이다. 늘 기도했던 터라 그분의 이름이 제일 먼저 떠올랐는지도 모른다.

그분에게 기도원 공사비를 부탁드려야겠다고 생각했다. 그때는 아직 인터넷 사용이 드물어서 이메일도 잘 사용하지 않았고, 카카오톡 같은 간편한 메신저도 없던 시절이라 그분에게 손 편지를 써서 한국에 있는 지인에게 전달을 부탁했다.

아마도 편지를 받아 본 집사님은 적잖이 황당해하셨을 것 같다. 당당하게 도움을 청했기 때문이다. 당시 기도원 공사 때문에 우리가 처했던 곤란한 상황에서부터 문제 해결을 위해 하나님께 기도했더니 집사님에게 도움을 청해 보라는 응답을 주셨다는 것까지 상세히 밝혔다. 그리하여 주님의 말씀에 순종하는 자세로 평소와 달리 선교 후원비를 청하니 제게 부탁을 받는 집사님은 우리를 도울 큰 특권을 가지신 셈이므로 오히려 감사해야 할 것이라고 썼던 것이다. 이렇게 쓸 수 있었던 것은 정말로 선교 헌금을 한 번도 직접적으로 청해 본 적이 없었기 때문이다.

편지를 보내고 나서 좋은 소식이 오기를 기다렸는데, 한 달이 다 되어 가도록 아무런 답이 없었다. 답답한 마음에 하루는 그분이 나눠 주었던 기도 제목 위에 손을 얹고 "응답이 올지어다! 응답이 올지어다!" 하고 선포하며 기도했다. 속상한 마음에 '오늘까지도 아무런 답이 안 온다면, 나도 인제부터 중보 기도를 그만두겠어' 하고 혼잣말을 내뱉기까지 했다.

그런데 바로 그날, 그분에게서 전화가 왔다. 그동안 회사 일로 너무 바빴다면서 혹시라도 다른 사람이 헌금할까 봐 먼저 전화부터 한다며 부족한 공사비가 얼마냐고 물으셨다. 조금 전까지 안절부절못했는데, 언제 그랬냐는 듯이 밝은 목소리로 유쾌하게 대답했다.

"어머! 집사님, 안 그래도 하도 답이 없으셔서 매일같이 드리던 중보 기도를 오늘부터 그만하려고 했어요. 선교사의 중보 기도가 얼마나 값비싼지 아시지요? 절대 무료가 아니랍니다! 여하튼 감사합니다. 제가 편지에 썼듯이 기도원 공사에 도움이 필요하다는 말씀은 오직 집사님에게만 드렸답니다. 주님이 주신 마음에 순종해서 여쭌 거니까요. 그러니 집사님의 답만 기다리고 있던 참이었어요. 기도원 공사에 필요한 비용은 1만 달러이고, 기도굴 공사에는 3,000달러가 필요하답니다. 형편 되시는 대로 둘 중 한 가지만 해 주셔도 됩니다."

그랬더니 집사님이 망설임 없이 바로 대답하셨다.

"아, 아닙니다! 아닙니다! 제가 모두 부담하겠습니다. 일단 전화로 제가 헌금하겠다고 말씀드리려고 한 것입니다."

그다음 날, 정확히 1만 3,000달러가 입금되었다. 할렐루야!

그동안 선교사로서 자존심을 세우느라 오직 하나님만 바라본다는 심정으로 기도로 모든 재정적인 문제를 해결하려고 했는데, 이 일을 계기로 하나님은 다양한 방법과 통로를 통해 공급해 주신다는 사실을 체득했다. 하나님은 내 생각을 뒤집을 수 있는 분이시므로 무엇보다도 하나님의 인도하심에 민감해야 함을 배웠다.

참담한 마음을
배우게 하시다

사실 선교지에서는 내 주변에 온통 도움을 청하는 사람들뿐이 없다. 또한 그들이 가져오는 거의 모든 문제는 '돈'과 관련 있다. 나는 가난한 이웃이 도움을 청할 수 있는 거의 유일한 창구라고도 할 수 있다. 그러니 청함을 받으면 어떻게든 도움을 줄 수밖에 없고 그만큼 선교 헌금이 늘 절실하다고 하겠다.

해마다 본 교회에서 열리는 세계선교대회에 거의 매년 참석하는데, 겸사겸사 가는 길에 미국 친정집을 들르곤 한다. 갈 때마다 초청하는 교회가 있으면 가서 설교를 하고, 지인들을 만나 교제를 나누며 선교 후원금을 받았다.

내가 미국에 갈 때마다 수년간 잊지 않고 선교 헌금을 내주시던 집사님이 있었다. 그래서 갈 때마다 그 집사님과의 만남을 기다리곤 했다. 한번은 그분이 여느 때처럼 나를 반기며 집으로 초대하기에 이번에는 얼마나 후원해 주실까 하며 기대하는 마음으로 갔는데, 식사를 마치고 나서 충격적인 소식을 들어야 했다. 그 해에는 내가 예전보다 늦게 출발하는 바람에 내가 안 오는 줄 알고, 나를 주려고 준비해 두었던 선교 헌금을 다른 선교사에게 주었으니 미안하게 되었다는 말씀이었다. 솔직히 마음이 적잖이 상했다.

'아니, 이미 다른 선교사에게 헌금했다면서 왜 굳이 나를 만나자고 하신 거야?'

올해에는 선교 헌금을 얼마나 받을까 기대하고 왔던 나 자신이 초라하게 느껴졌다. 왠지 구차해진 것 같아서 기분이 안 좋았다. 돌아오는 길에 주님께 여쭈었다.

"주님! 왜 저로 하여금 이런 일을 겪게 하십니까? 마음이 아픕니다. 마치 구걸하려다가 깡통째 채인 기분이에요. 주님이 허락하시는 한 그 어떤 순간도 우연은 없는 줄 압니다! 이번에도 주님의 계획이 있으신 거죠?"

그 순간, 주님이 내게 응답하셨다. 물론, 귀에 들리는 음성으로 말씀해 주셨다는 게 아니라 내 마음속에 내주하시는 성령님이 생각으로 말씀해 주신 것이다.

"유니스야! 기분이 어떻더냐? 선교지에서 너를 만나는 사람마다 얼마만이라도 도와달라고 청하곤 하지 않더냐? 때때로 그냥 돌려보내야 할 때도 있었지. 그때 빈손으로 돌아가야 하는 사람들의 심정이 어땠을지 짐작할 수 있겠느냐? 네가 어떤 마음과 자세로 내 백성들을 섬겨야 할지 이제 알겠느냐? 그것을 네게 가르치기 위해 오늘 같은 일을 겪게 한 것이란다."

그날 나는 빈손으로 돌아가야 하는 사람의 참담한 마음을 알게 되었다. 그 후로 나는 가난한 이웃을 위해 더욱더 힘쓰게 되었고, 도저히 줄 것이 없을 때는 손을 맞잡고 기도해 주기라도 했다. 기도의 온기라도 손에 쥐여 보내기 위해서다. 하나님의 백성의 헛헛한 마음을 맘몬이 비집고 들어가 점령하지 않도록 말이다.

부스러기에
감사하게 하시다

옛 속담에 "광에서 인심 난다"는 말이 있다. 자고로 내가 넉넉해야 남도 도울 수 있는 법이다. 그런데 선교 사역은 돈으로만 하는 게 아니다. 즉 선교사의 '곳간'에는 후원금뿐 아니라 다른 무엇도 가득해야 한다는 뜻이다.

나는 선교지에 처음 파송 받은 때부터 지금까지 한 번도 거르지 않고, 매달 꼬박꼬박 후원자들에게 '기도 편지'를 써서 보내왔다. 주로 사역을 보고하고, 기도를 부탁하는 내용이다. 많은 분이 내 기도 편지를 읽고 선교 헌금을 보내 주셨다. 또 한국이나 미국에 들어갈 때마다 교회들을 다니며 선교 간증을 한 덕분에 나를 '협

력 선교사'로 여기고 다달이 선교 헌금을 보내 주는 교회가 많아졌다.

선교 초기에 나는 성도들의 선교 후원에 감사하면서도 한편으로는 일종의 거래처럼 여긴 것도 사실이다. 선교하라고 보내 주는 돈이니만큼 내가 현지에서 똑 부러지게 사역을 잘하는 것이 곧 후원자들에게 보답하는 길이라고 여긴 것이다. 간단하게 말해서, 받은 만큼 사역의 열매로 돌려주겠다는 자세였다. 더 나아가 '후원자들이 하늘에 상급을 쌓도록 내가 심부름해 주는 셈이니 되레 그들이 내게 고마워해야 하는 것 아닌가' 하고 생각하기까지 했다. 심지어 '선교 헌금을 현지인들에게 전달하면서 무슨 수수료를 받는 것도 아닌데, 나만큼 정직한 선교사를 만난 것도 후원자들의 복이지 않겠어?' 하며 자만하기도 했다. 주님이 내 곳간에 돈을 두둑이 넣어만 주시면, 얼마든지 후하게 인심 쓰며 사역할 수 있다고 자신했다.

그런데 하나님이 내 생각을 180도로 바꾸시는 사건

이 일어났다. 나는 새벽 4시면 일어나서 2시간 정도 큐티를 하면서 묵상을 글로 쓰는 습관이 있다. 선교사가 된 후로 지금까지 30여 년이 되어 가도록 계속해 온 나만의 루틴(routine)이다. 그러고 나서 새벽 예배를 가곤 했다. 그날도 새벽 예배에 가서 기도하는데, 성도들의 기도 소리가 유난히 크게 들려왔다. 들어보니 죄다 선교사인 나를 축복하는 내용이었다. 얼마나 간절히 기도하던지, 그들의 기도를 들으며 이런 생각이 들었다.

'저들은 왜 나를 위해 이렇게까지 열심히 기도할까? 내가 선교 헌금을 받아다가 그들을 도우니 고마운 마음에 나를 위해 축복 기도를 해 주는 거구나! 사실, 난 전달한 것뿐인데. 정작 후원금을 보내 준 성도들의 이름을 모르니 다들 나를 위해 이렇게도 많이 기도해 주는구나!'

그 순간, 깨달았다. 그때까지 나는 내심 성도들이 보내온 선교 헌금을 수수료도 한 푼 안 받고, 선교지에 잘 전달했으니 성도들이 내게 고마워해야 한다고 여

겼었다. 그런데 그게 아니었다. 성도들이 헌금으로 하늘나라에 자기 상급을 쌓아 가는 동안, 나는 그들이 낸 헌금의 이자, 즉 부스러기를 받으며 살아온 것이었다. 그러니 정작 감사해야 할 사람은 성도들이 아닌 나 자신이었다.

선교사의 곳간에는 성도들의 후원금뿐 아니라 성도들을 향한 감사라는 부스러기가 가득해야 한다. 은혜의 부스러기가 가득한 광에서 후한 인심이 나는 법이다.

도움을 주고받는 자가 누리는
복을 알게 하시다

지금은 하늘나라에 가고 없는 동역자 '바바 유니'를 추억한다. 그를 처음 만난 것은 1997년이었던 것으로 기억한다. 그는 우리 부부가 교회를 개척할 때, 동역해 준 현지인 사역자다. 평소에는 '마타투'(matatu)를 운전했다. 마타투란 일종의 마을버스로 케냐 시민들의 발이라고 할 수 있다. 바바 유니는 마타투를 운전하면서 생계를 유지했으니 그에게 승합차는 무엇보다도 소중한 생계 수단이었다.

그런데 어느 날 갑자기 차가 고장 나는 바람에 바바 유니가 위기에 처하게 되었다. 마땅히 도움을 청할 곳이 없었던 그는 우리에게 수리비를 지원해 달라고 부탁했다. 얼마냐고 물으니 100만 원 정도가 필요하다고 했다. 지금도 그렇지만, 당시에 100만 원은 정말로 큰 돈이었다. 우리 부부가 받는 선교사 월급이 그 정도였으니 차 수리비로 한 달 치 월급을 내어 주어야 한다는 이야기가 된다. 바바 유니의 딱한 사정을 잘 알기에 우리는 고민 끝에 수리비를 마련해 주기로 했다.

우리에게서 받은 도움에 보답할 형편이 안 되었던 바바 유니 부부는 밤새도록 우리를 위해 기도했다고 한다.

"하나님! 우리는 빌과 유니스 선교사님 부부의 필요를 알지 못합니다. 무엇을 위해 기도해야 할지, 그들의 기도 제목조차 모릅니다. 그러나 하나님은 아시지요? 그들의 필요를 채워 주시고, 그들의 기도에 응답해 주시기를 기도합니다. 그들 마음의 소원을 들어주시고, 그들에게 축복을 허락하여 주옵소서."

바바 유니의 이야기를 듣고 이런 생각이 들었다. 기도 응답을 받기까지는 그에 합당한 기도 분량이 필요한데, 분량을 채우는 마지막 기도는 어쩌면 내 기도가 아니라 내가 다른 사람에게 베푼 선으로 인하여 그가 나를 위해 하나님께 드리는 축복 기도가 아닐까? 정말로 하나님이 나를 위해 드리는 다른 사람들의 기도를 들으시고 내 기도에 응답하시는 것이라면, 이웃의 어려움을 돌아봄으로써 그들에게서 '축복 기도'를 받는 자격을 갖추는 것이 중요할 것이다.

네 이웃에게 무엇을 꾸어줄 때에 너는 그의 집에 들어가서 전당물을 취하지 말고 너는 밖에 서 있고 네게 꾸는 자가 전당물을 밖으로 가지고 나와서 네게 줄 것이며 그가 가난한 자이면 너는 그의 전당물을 가지고 자지 말고 해 질 때에 그 전당물을 반드시 그에게 돌려줄 것이라 그리하면 그가 그 옷을 입고 자며 너를 위하여 축복하리니 그 일이 네 하나님 여호와 앞에서 네 공의로움이 되리라

_신 24:10~13

선교 사역을 시작한 지 28년이 되어 간다. 그동안 별 탈 없이 기쁘게 사역해 올 수 있었던 것은 바바 유니와 같은 사람들의 축복 기도 덕이 아닌가 싶다. 내가 누군가를 도우면 도움받은 그 사람이 하나님께 감사하며 나를 위해 축복 기도를 드리게 되고, 그 기도가 하나님께 닿아 결국 내게 응답의 열매로 돌아오게 된다는 사실을 깨닫는다.

그런데 과연 하나님의 축복은 돕는 자의 특권일까? 자기는 가진 것이 없어서 남을 도울 수 없다고 믿는 사람, 항상 누군가의 도움을 받아야만 살 수 있는 사람은 축복의 통로가 되지 못하는가? 나는 그렇게 생각하지 않는다.

성경은 "감사로 제사를 드리는 자가 나를 영화롭게 하나니 그의 행위를 옳게 하는 자에게 내가 하나님의 구원을 보이리라"(시 50:23)라고 말한다. 즉 도움을 받는 사람은 "감사로 제사를" 드릴 수 있고 그로 말미암아 하나님을 "영화롭게" 하는 축복을 받게 된다는 뜻이다. 또한 자신에게 도움을 준 사람을 위해 축복 기도를 할 명분과 자격을 갖추게 된다. 그러므로 나의 '없음'이 누군가에게는 '기도 응답의 통로'가 됨을 믿어야 할 것이다. 이것이 바로 도움을 받는 사람이 누리는 복이다. 또한 수시로 감사로 제사를 드리며 도움을 준 사람을 위해 꾸준히 중보하다 보면 자기 자신의 기도 분량이 자연스럽게 채워질 것이고, 영성 또한 깊어질 것이다.

나를 위해 수년간 기도해 주는 자매가 있다. 7~8년간 그녀를 재정적으로 도와 왔는데, 자매는 나를 위해 때때로 금식하며 철야 기도까지 한다고 하니 얼마나 감사한지 모른다. 그런데 자매는 오히려 자신이 얻는 유익이 더 크다고 말한다. 나를 위해 계속 기도함으로써 날로 영성이 깊어지고, 영적 전쟁에 관해 많은 것을 깨닫게 되니 되레 내게 감사 인사를 전해 오기도 한다.

이처럼 도움을 주는 사람이나 받는 사람이나 감사와 기도를 통해 복을 누리니 이 얼마나 큰 은혜인가.

하나님의 은혜는
언제나 내 생각을 뛰어넘는다

●●●

하나님은 다양한 방법과 통로를 통해 공급해 주신다. 선교사의 곳간에는 성도들의 후원금뿐 아니라 성도들을 향한 감사라는 부스러기가 가득해야 한다. 은혜의 부스러기가 가득한 광에서 후한 인심이 나는 법이다.

하나님의 축복은 돕는 자의 특권이 아니다. 도움을 받는 사람은 "감사로 제사를" 드릴 수 있고, 그로 말미암아 하나님을 "영화롭게" 하는 축복을 받게 된다. 이처럼 도움을 주는 사람이나 받는 사람이나 감사와 기도를 통해 모두 복을 누리게 된다.

적용 하나님의 통로로서 자신의 생각과 계획을 뛰어넘는 하나님의 은혜를 경험한 일이 있는가? 있다면 그 일을 주께 감사드리며 은혜의 부스러기를 채워 놓자.

돈에 매인 고리를 끊고
다스림을 구하는 기도

●●●

주님, 저에게 돈의 노예라는 고리를 끊을 수 있는 지식을 주신 것에 감사합니다! 돈이 나를 다스리는 것이 아니라 내가 돈을 다스릴 능력이 있음을 감사드립니다! 무엇보다 모든 일에 '감사의 제사'를 드리는 '감사 기도'의 능력을 알게 하시니 감사합니다!

위로는 하나님께 감사요 땅에서는 내 이웃에 대한 감사 기도가 매일의 삶에서 끊이지 않도록 도와주옵소서!

4

•••••

나는
자유롭다

여호와는 나의 목자시니
내게 부족함이 없으리로다_시 23:1

백지 수표를
받다

나의 본업은 여의도순복음교회에서 케냐로 파송 받은 선교사이지만, 2014년에 한국 본 교회의 발령을 받아 귀국하여 약 5년간 청년국에서 사역한 적이 있다. 처음 3~4년은 십칠조까지 주님께 드렸고, 케냐로 돌아가기 전 마지막 1년은 10분의 10을 모두 주님께 드리는 생활을 했다.

여의도순복음교회 산하 선교부에는 CAM(Christ Ambassador Mission)이라는 대학 캠퍼스 사역 부서가 있다. 그곳에서 나는 기관장(National Director)이라는 직분을 가지고 사역을 했다. 주로 각 대학에서 수고하는 간사들을 돕는 일을 했는데, 캠퍼스마다 찾아가서 학생들을 만나거나 성경 공부를 인도하기도 했다.

그 무렵 내가 가장 자주 했던 말은 "사랑은 위장에서!"라는 구호 아닌 구호였다. 학생들을 만나면 무조건 먹을 것을 사 주곤 했다. 대학을 방문할 때마다 담당 간사에게 근처에 좋은 식당을 알아보고 예약해 달라고 부탁했다. 그렇다고 싼 집만 찾아선 안 된다. 학생들에게 비싸고 좋은 음식을 대접하고 싶었다. 보통 고깃집을 갔는데, 학생들을 배불리 먹이고 나서 집에 돌아가면, 매일 큐티 할 것을 권면하는 카톡 메시지를 그들에게 꼭 보냈다. 비싼 밥을 먹었으니 이 정도 말은 들어주어야 하는 것 아니냐고 농담처럼 으름장을 놓기도 했다.

이처럼 어디를 가나 좋은 음식으로 학생들을 배불리 먹여야 하니 그만큼 재정이 뒷받침되어야 했다. 당시 나는 이곳저곳에서 세미나나 부흥 집회의 강사로 초청을 많이 받았기에 케냐에서 받던 선교사 월급보다 훨씬 더 큰 금액의 부수입을 올릴 수 있었다. 게다가 본 교회 기관장으로서 월급도 꽤 높았다. 그렇게 벌어들인 돈은 십일조, 십이조, 십삼조를 넘어 10분의 4, 5, 6, 7까지 털어 사역에 투자했고, 결국 전 수입을 그대로 사역에 쏟아붓기에 이르렀다.

서울에서 나는 보증금 1천만 원에 월세 50만 원을 내야 하는 곳에서 살았다. 그런데 어떤 분이 집과 관련한 모든 비용을 헌금하겠다고 해서 월세라는 고정 지출 없이 모든 수입을 고스란히 사역에 사용할 수 있었다. 현실적으로 생활비가 필요하긴 했지만, 성도들이 소위 선교사의 '품위 유지비'로 쓰라고 헌금해 주었기 때문에 감사하게도 나의 작은 필요는 채워지곤 했다.

마침내 내가 가진 모든 것을 주님께 아낌없이 드렸던, 즉 10의 10조를 모두 드렸던 날, 주님이 내 마음속에 음성을 들려주셨다.

"유니스야! 네가 너의 수입 100%를 다 내게 주었느냐? 지금부터는 내 것이 곧 네 것이 되고, 네 것이 곧 나의 것이 될 것이다!"

나는 주님의 말씀에 감격하며 환호했다. 하나님의 것이 모두 다 내 것이 된다면, 도대체 나는 얼마나 큰 부자란 말인가? 실제로 그날 이후로 내 은행 계좌는 '마르지 않는 샘' 정도가 아니라 '차고 넘치는 샘'이 되어 있다.

월급과 강사비 외에도 내가 다양한 사역을 한다며 성도들이 사역비 명목으로 헌금해 주는 경우가 많았기 때문이다. 심지어 한 달에 1천만 원이 들어오기도 했는데, 남을 돕는 데 미련 없이 다 쓰곤 했다.

이렇게 내게 들어온 모든 수입을 하나님께 드렸다고 해서 하나님이 내게 그 돈의 30배, 60배, 100배를 갚아 주셨을까? 그렇지 않다! 만약에 그런 일이 일어났다면, 하늘나라 사업에 투자하여 엄청난 이익을 남겼다는 소리를 들었을 것이다. 큰 이익을 바라고 투자한다면, 그것은 일종의 '투기'가 아니고 무엇이겠는가?

10의 10조 이상을 드리고 나서 내가 얻은 유익은 30배, 60배, 100배의 이자가 아니라 그만큼의 여유였다. 즉

날이 갈수록 "원하는 것"이 줄어들었다는 뜻이다. 딱히 원하는 것이 없다 보니 삶이 단순해졌다. 그럼으로써 오히려 세상에서 모든 것을 가진 자와 다를 바가 없게 되었다. 수입이 생기는 족족 기쁜 마음으로 베풀었더니 세상 부러울 것이 없었다. 이처럼 자유롭고 부요한 느낌이 또 있을까? 하나님께 백지 수표라도 받은 기분이다.

개미 후원자들이
천국을 건설한다

2019년, 한국 본 교회에서의 사역을 마치고 나의 첫 선교지이자 영원한 사역지인 케냐로 돌아갔다. 5년 전, 본 교회의 청년국으로 발령받아 귀국했을 때, 당회장 이영훈 목사님에게 복귀 인사를 하며 부탁드렸던 사항이 있다.

"본 교회 사역이 끝나면, 저를 다시 케냐 선교지로 돌려보내 주십시오. 그래야 마음 놓고 사역할 수 있겠습니다."

거의 선포에 가까운 요청이었다. 담임 목사님은 그렇게 해 주겠다고 약속하셨고, 5년 뒤 약속대로 나는 케냐 선교사로 재파송되었다.

케냐로 돌아가기 며칠 전, 하나님이 내 마음속에 '후원 계좌'를 공개하라는 음성을 들려주셨다. 20여 년 전에 선교지에 기도원을 세울 때, 한 사람을 떠올리게 하여 그분에게서 모자란 공사비를 후원받게 하신 적은 있지만, 그 후에도 후원 계좌를 공개한 적은 없었다. 선교사라면 으레 후원 계좌를 안내해 주곤 하는데, 내 후원 계좌 정보는 왜 그렇게 찾기가 힘드냐며 불평하는 성도들도 있었다. 그때까지도 여전히 사람이 아닌 하나님만 바라보며 사역하고 싶은 마음이 컸기 때문이다.

그런데 이번에는 주님이 아예 직접적으로 후원 계좌 번호를 성도들에게 널리 공유하라고 명하신 것이다. 어떻게 해야 할지 고민되었다. 나는 말씀을 묵상하며 하나님의 뜻을 살피고, 마음의 가닥을 잡아 나갔다.

사도 바울은 죄수의 신분으로 로마로 가는 배에 올라탔다. 그런데 호송되어 가는 길에 광풍을 만나고 말왔다. 모든 사람의 생명이 위급해진 상황에서 하나님이 사자를 통해 바울에게 말씀하셨다.

바울아 두려워하지 말라 네가 가이사 앞에 서야 하겠고 또 하나님께서 너와 함께 항해하는 자를 다 네게 주셨다 _행 27:24

주님의 말씀을 들은 바울은 사람들 앞에 서서 자신 있게 말했다.

그러므로 여러분이여 안심하라 나는 내게 말씀하신 그대로 되리라고 하나님을 믿노라_행 27:25

하나님을 섬기는 사람으로서 주의 음성을 듣는 것이 얼마나 중요한지는 잘 알고 있다. 그런데 더 중요한 것은 그 말씀에 순종하는 것이다. 나는 그때까지 하나님만 바라보고 하나님께만 기도하겠다며 고집해 오던

소신에 반대되는, 후원 계좌를 공개하라는 음성이 과연 하나님으로부터 온 것이 맞는지 성경 말씀을 통해 거듭 확인했다. 그러고는 말씀에 순종하기로 했다.

이왕 순종하기로 한 만큼 제대로 해야 했다. 어떻게 하면 더 많은 성도에게서 후원을 받을 수 있을지 고민하던 중에 주님이 아이디어를 주셨다. 온라인으로 올리는 내 묵상 일기를 매일 읽는 독자가 4만 명가량 되는데, 그보다 더 많을 수도 있다. 매월 독자 한 사람이 5,000원씩만 후원해 주어도 100% 참여한다면, 한 달 후원금이 2억 원에 달하게 된다. 엄청나지 않은가? 이게 가능한 일일까? 주님이 주신 아이디어가 맞는다면, 가능하리라고 확신했다.

주님의 말씀을 알아듣는 것도 중요하지만, 사실 더 중요한 것은 제때 순종하는 것일 것이다. 나는 그때를 알기 위해 기도하기 시작했다. 그리고 마침내 지금이 바로 그때라는 사인을 받은 후에야 '안방 기도 식구들'에게 월 5,000원씩 후원해 줄 것을 요청하는 글을 올렸다. "안방 기도 식구"란 나를 위해 특별히 중보 기도해 주는 분들의 단체 카톡 방 이름이다. 과연 성도들이 호응해 줄까 하는 의구심을 품고 연습 삼아 올렸는데, 놀랍게도 100여 명의 식구가 바로 후원을 약속해 주었다. 내친김에 자동 이체까지 신청해 달라고 부탁했다. 선교 후원은 액수보다도 꾸준함이 더 중요하다는 것을 잘 알고 있었기 때문이다.

사실, 5,000원이면 웬만한 가계에는 큰 부담이 되지 않을 것이다. 한 달에 커피 한 잔 값으로 세계 선교 사역에 동참하는 셈이니 오히려 얼마나 경제적인가? 그러나 혹시라도 5,000원씩 정기 후원해 달라는 요청에 마음이 불편해지거나 시험받는 이가 있다면, 참여하지 않아도 된다고 미리 밝혀 두었다. 물질의 헌신이야말로 '기쁨과 감사'로 드리는 순종의 열매가 되어야만 하기 때문이다.

주식 시장에 개미 투자자들이 있다면, 하늘나라 확장 사업 시장에는 개미 후원자들이 있다. 소액이라도 직접 투자해 봐야 주가가 오르는지 내리는지 관심 있게 보게 되듯이, 5,000원이라도 후원해 봐야 하나님의 복음 사역이 어떻게 펼쳐져 가는가에 관심을 두게 되지 않겠는가!

내가 사람이 아닌 하나님만 바라보겠다는 소신을 지킨다며 고집부렸더라면 어떻게 되었을까? 하나님의 낯선 음성이 기존 내 스타일과는 다르다며 어리둥절해할 때, 하나님이 내 등짝을 때리듯 이렇게 말씀하셨다.

"얘! 너는 나의 종이라면서, 무슨 스타일을 운운하느냐? 종에게 스타일이라는 게 있더냐? 주인이 하라는 것을 하는 게 종의 참자세가 아니냐?"

그렇다. 종에게 무슨 스타일이 있겠는가! 나는 주님이 명하시는 대로 순종하면 된다. 재정에 관해서도 마찬가지다. 아무리 궁해도 하나님이 가만히 있으라고 하시면 침묵하고, 아무리 낯간지러워도 후원금을 모으라고 하시면 순종한다. 그리고 주님께 이렇게 고백하기만 하면 된다.

"저는 주님의 말씀에 순종할 뿐, 나머지는 주님의 몫입니다. 사랑합니다. 주님. 주님이 저를 보고 기뻐해 주시기만을 바랍니다."

소를 키우며
지혜를 배우다

코로나 팬데믹이 본격화되어 갈 때 즈음, 장차 재정적인 어려움이 장기화되리란 걸 짐작할 수 있었다. 어떻게 하면 케냐 선교지에서 '자급자족'할 수 있을지 고민하지 않을 수 없었다. 고민하던 중에 소를 키우면 여러모로 도움이 되지 않을까 하는 아이디어가 떠올랐다. 하나님이 "유니스야, 소를 사거라!" 하고 직접 말씀하시지는 않았지만, 주님이 주신 좋은 아이디어라는 생각이 들었다.

그래서 2021년 봄에 소 키우기 프로젝트에 관한 내용을 온라인 묵상 글에 올렸는데, 독자들의 반응이 뜨거웠다. 우선 60마리를 구매하여 키우기로 계획하고,

후원금을 모으기 시작했다. 소 한 마리 값이 140만 원이었으니 8,400만 원 정도가 필요했다. 그런데 많은 분들이 소 이름까지 지어서 헌금하기 시작하더니 어느덧 224마리의 이름이 모였다.

나는 후원자들의 이름과 그들의 기도 제목을 일일이 공책에 손으로 쓰고, 매일 그들을 위해 기도한다. 그러면서 매일 들어오는 헌금의 합계도 공책에 기록하는데, 매월 초 온라인에 후원금의 입금 내역과 사용 내역을 공개한다. 대부분의 후원금은 한국에서 들어오는데, 매달 정기적으로 후원해 주는 교회는 딱 두 군데뿐이고 나머지는 모두 개미 후원자들이다.

소 키우기 프로젝트를 시작하면서 후원금이 부쩍 늘었다. 원래 계획보다도 4배의 소를 살 수 있게 되었다. 그렇다 보니 소를 키울 땅이 부족해졌는데, 4,000평이 넘는 땅을 구매할 6천만 원이 금방 채워졌다.

이 모든 일에 놀라워하자 하나님이 내게 이런 말씀을 주셨다.

"유니스야, 놀라지 말아라! 이것은 시작에 불과하단다. 그동안 내가 왜 많은 사람에게 너를 위한 기도를 시켰는지 그 이유를 알게 될 거야! 너는 이제 네가 이전에 상상도 하지 못했던 놀라운 일들을 하게 될 거란다. 내가 너를 준비시켰고, 너는 그 시간을 잘 통과하였다. 이것이 네 사역의 새로운 시작이라는 것을 명심하렴."

곰곰이 생각해 보니, 주님이 이미 오래전부터 나와 남편을 준비시켜 오셨다는 사실을 깨달을 수 있었다. 1994년 2월, 케냐에 처음 도착해서 얼마 안 되었을 때, 주님이 남편 빌에게 "너는 땅과 가축들을 다스리게 되리라(You are going to be the man of lands and animals)"라고 말씀하셔서 '아니, 선교하러 왔는데, 웬 땅과 가축 이야기를 하시지?' 하고 의아해했었다. 그런데 케냐에서 근 28년을 살다 보니 어느덧 우리가 소를 키우고 있고, 곧 닭이나 염소도 키우게 생겼으니 주님이 그때 하신 말씀이 바로 이때를 위한 말씀이었구나 하고 깨달는다.

우리는 소를 살 때, 되도록 새끼를 밴 소를 산다. 그렇게 하면 소를 사고 난 뒤 2주 정도 지나면 송아지를 낳기 때문이다. 그야말로 케냐의 자급자족을 이루게 되는 것이다.

현지인들에게 송아지를 한 마리씩 분양하여 키우게 하고, 또 소들을 관리할 일꾼을 고용하면 자연스럽게 지역 발전에 도움을 주게 된다. 곧 염소와 닭도 키울 계획이니 수양회에 참석하는 사람들에게 제공할 음식 재료를 자체 공급할 수 있게 된다. 그뿐 아니라 가난한 이웃들에게 닭을 몇 마리씩 나눠 주면, 암탉이 매일 낳는 달걀만으로도 최소한 배를 곯지 않게 되지 않겠는가.

가축 사역을 통해서 '복음의 통로'가 되게 하시는 하나님의 계획을 경험한 일이라고 하겠다.

주님의 것이
내 것이 되리라

●●●●

하늘나라 확장 사업이 지속되기 위해서는 개미 후원자들이 필요하다. 소액이라도 직접 투자해 봐야 하나님의 복음 사역이 어떻게 펼쳐져 가는가에 관심을 두기 마련이다. 선교 사역은 개미 후원자들의 투자로 이루어진다. 이를 통해 우리는 "우리가 헤아릴 수 없는 큰일을"(욥 37:5) 행하시는 하나님을 경험할 수 있다. 선교지는 날마다 이 하나님을 만날 수 있는 곳이다. 우리 삶의 모든 현장에서 하나님의 생생한 역사가 드러난다.

적용 개미 후원자가 되어 "우리가 헤아릴 수 없는 큰일"을 행하시는 하나님을 경험한 적이 있는가? 주님의 것이 내 것이 되는 경험을 일상에서 하게 해 달라고 기도하자.

자유를 배우는 과정 중
은혜를 구하는 기도

●●●●

이 땅의 모든 것을 주관하시는 우리 하나님, 이 땅의 모든 것이 주님의 것입니다. 주님의 것을 주님이 가장 기뻐하시는 방법으로 사용하기 위해서는 항상 '청지기의 지혜로운 기도'가 필요하다는 것을 깨닫습니다.

제게 허락하신 재정들을 어디에 어떻게 누구에게 언제 사용하면 주님이 가장 기뻐하실까요? 재정이 들어오는 것도 중요하고 감사한 일이지만, 들어온 재정을 어떻게 사용해야 하는지는 더더욱 중요한 것 같습니다.

주님이 주신 재정들을 주님의 시간에 주님의 방법으로 주님이 가장 기뻐하시는 사역에 잘 사용하도록 지혜를 간구합니다!

5

하나님께 배운 대로
흘려 보내는 삶

돈을 좇는 사람은 돈을 움켜쥐기도 전에 자신이
먼저 돈에 매이는 경우가 허다하다. 그러나 하나
님의 백성에게는 돈에 매이지 않을 방어력뿐 아
니라 돈을 다스릴 권세도 있다. 다스림을 받는 대
상의 일은 무엇인가? 주인을 섬긴다는 것 아니겠
는가? 돈을 다스린다는 것은 결국 하나님이 기뻐
하시는 일에 돈을 자유롭게 쓸 수 있다는 뜻이다.

나눔은
내게 유익이다

어쩌다 병원에 가면 '대상포진 예방 주사'에 관한 광고가 눈에 들어온다. 미리 예방 주사를 맞으면 대상포진에 걸리지 않는다는 것이다. 그런데 병원에서 예방 주사를 무료로 접종해 주던가? 아니다. 일정 비용을 내야만 주사를 맞을 수 있다.

우리에게는 '탐심 예방 주사'가 필요하다. 탐심이란 병은 자기가 가진 것으로 다른 사람들을 도와 봐야 피할 수 있다. 즉 가난한 이웃을 재정적으로 도움으로써 탐심을 예방할 수 있다는 뜻이다.

또한 자신이 암에 걸렸나 안 걸렸나를 알려면 병원에 가서 검사를 받아야 한다. 이때 검사 비용을 내야 하는 것은 당연하다. 비슷한 맥락으로 내가 탐심 병에 걸렸나 안 걸렸나를 알려면 자기 돈으로 남을 도와 봐야 한다. 일종의 검진비를 내는 셈이다. 자기 돈을 들여 남을 도울 때 인색한 마음이 든다면 '아, 내 영혼에 탐심이란 병균이 들어와 있구나!' 하고 생각하면 된다.

이미 병에 걸렸다면, 어떻게 해야 하는가? 적절한 치료를 받아야 한다. 이때도 마땅히 치료비를 부담해야 한다. 다시 말해서 탐심이라는 병에서 나으려면, 얼마간의 비용을 치르며 남을 도와야 한다는 것이다. 그렇게 함으로써 탐심이라는 병을 고칠 수 있다.

그러나 자기 돈을 남에게 쓰는 것을 아까워하지 않는 사람이 있을까? 아깝지 않다고 말하는 사람이 있다면, 그러한 경지에 이르기까지 훈련을 거듭하지 않았겠는가? 과연 자신이 돈에 매인 것이 아닌 돈을 다스리는 삶을 살고 있는가를 알려면, 다른 이들을 위해 돈을 사용하는 자세를 보면 된다. 그 척도는 감사하는 마음이다.

다윗은 시편에서 "감사의 소리를 들려주고 주의 기이한 모든 일을 말하리이다"(시 26:7)라고 노래했다. 여기서 "감사의 소리"를 높이고, "주의 기이한 모든 일"을 말한다는 것은 곧 간증을 의미한다.

한세대학교에서 신학대학원생과 학부 학생들을 가르칠 때의 일이다. 학생들에게 2만 원씩 나눠 주면서 거저 받은 만큼 다른 사람에게 거저 주는 연습을 해 보라고 한 적이 있다. 단 거저 주었을 때, 원금이 안 돌아오면 내게 돌려줄 필요가 없고, 원금보다 더 많이 돌아오면 원금은 내게 돌려주고 초과 금액은 자신이 가지라고 했다. 한 학생이 "교수님! 교수님께 2만 원보다 더 돌려 드려도 되나요?" 하고 물어서 굳이 나와 나누고 싶다면 절반씩 나눠도 좋다고 말해 주었다. 하나님께 거저 받은 것을 다른 사람들에게 거저 나눠 줌으로써 주님이 어떻게 갚아 주시는지를 경험해 보라는 뜻에서 벌인 이벤트였다.

학기 말이 되자 학생들은 하나님이 그들의 거저 나

눔을 얼마나 가치 있게 높이시고, 베푸는 습관을 가지도록 어떻게 도우셨는지에 관해 간증해 주었다. 하나같이 놀라운 이야기들이었다. 어떤 학생은 봉투에 현금 2만 원을 넣고, 자기의 재정관이 바뀐 것과 하나님께 재정을 맡김으로써 얻은 자유함과 기쁨을 예쁜 손글씨로 적어 주기도 했다. 또 어떤 학생은 집안의 빚을 탕감받는 기적을 경험했다는 간증을 들려주기도 했다. 2만 원에 자기 돈을 보태서 어느 개척교회를 도왔더니 10배로 돌아오더라는 간증도 있었고, 마침 단기 선교를 떠나는 팀이 있어 도왔더니 나중에 자기가 단기 선교를 떠날 때 어느 교수님이 100% 후원해 주었다는 간증도 있었다. 할렐루야!

학생들이 맘몬 신이라 불리는 돈을 다스리는 훈련을 받을 수 있도록 주님이 도와주시는 것을 느낄 수 있었다. 무엇보다도 학생들이 남들을 위해 자기 것을 아낌없이 베푸는 습관을 들이게 된 것에 감사하다. 그리고 돈을 쓰기 전에 어떻게 쓰면 좋을지 주님께 여쭤는 기도를 하게 되었다는 것이 큰 성과다!

사실, 내게 원금을 돌려준 학생은 약 15% 정도에 지나지 않았다. 그래서 내가 큰 손해를 입었을까? 절대로 그렇지 않다! 결과적으로는 원금보다 더 큰 돈이 들어왔다. 첫 수업 시간에 110명의 학생에게 2만 원씩, 220만 원을 나눠 주었더니 학기 말에 정확히 10배가 되는 2천2백만 원이 내게 개인 헌금으로 쓰라고 들어온 것이다. 놀랍지 않은가? 여호와께 꾸어 드렸더니 주님이 원금에 이자까지 확실하게 갚아 주셨다. 교회 건축 헌금으로 목돈을 받아 본 적은 있지만, 이 정도로 큰돈을 나 자신을 위해 쓰라고 한 번에 보내온 헌금을 받아 본 것은 처음이었다.

한번은 여의도순복음교회의 4부 예배를 섬기는 나사렛 성가대의 2박 3일 여름 수양회에 강사로 초대되었다. 성가대 인원이 150명 정도였는데, 수양회 기간에 매일 큐티 하는 사람에게 문화상품권을 주겠다고 선포했다. 150명 곱하기 3만 원으로 계산하면, 450만 원이 필요하다.

그뿐 아니라 한 달간 매일 묵상을 글로 적어서 완주한 CAM 학생들에게는 3만 원 상품권을 상으로 주곤 했는데, 4년간 한 번도 거르지 않고 시상할 수 있게 해 주신 하나님께 감사할 따름이다. 이러니 CAM 사역을 하면서 월급을 한 푼이라도 가져갈 수 있었겠는가 말이다.

한세대 전임교수 시절에도 내 월급은 거의 모두 학생들 식사 섬김으로 사용되었다. 학생들을 데리고 무한리필 고깃집에 얼마나 자주 갔던지 종업원이 내 신용카드를 받으면서 "저도 한세대 학생이 되고 싶네요!"라고 인사할 정도였다. 그러면 나는 "사랑은 위장에 새겨지는 법이지요!" 하고 대답하곤 했다.

시편에 "여호와여 선한 자들과 마음이 정직한 자들에게 선대하소서"(시 125:4)라는 구절이 있다. 여기서 "선대하소서"라는 말씀이 특히 마음에 와닿는데, 이 구절은 이 땅에서 하나님이 주시는 선대를 경험하려면, 두 가지 요건을 갖추어야 한다는 것을 가르쳐 준다. 즉 "선한 자"가 되고, "마음이 정직한 자"가 되어야한다.

"선한 자들"이라고 하면, 다른 사람들에게 많이 베풀고, 구제를 잘하는 사람들도 떠오른다. 나는 "선한 자"란 '하나님 재정의 통로'도 포함된다고 생각한다. 그리고 나도 그 통로 중 하나라고 믿는다. 크건 작건 내게 돈이 들어오면, 나라는 통로를 통해 내보내는 것이다.

마음이 선한 자는 아무쪼록 이웃에게 자신이 있는 것을 베풀기 힘쓰는 자라고 생각한다. 하나님이 나에게 선한 자의 마음을 계속 주시기를 기도드린다.

섭섭해하지
마라

"당신은 왜 돈을 버는가?"라는 질문에 "남을 돕기 위해서요!"라고 대답한다면, 참으로 멋지게 들리지 않겠는가? 그런데 돈 버는 일이 쉬운가. 어떤 이에게는 쉬운 일일 수도 있으나 보통 사람들에게는 녹록지 않은 일이다. 돈벌이는 누구에게나 고된 일이다. 힘들게 번 돈으로 누군가를 도울 때, 우리는 무엇을 기대하는가?

한번은 부산 어느 교회에서 설교할 일이 있어 KTX를 타고 갔는데, 내려서도 꼬박 한 시간을 더 가야 하는 외진 곳에 교회가 있었다. 한 시간 동안 열정적으로 설교하고, 갔던 길 그대로 다시 서울로 돌아왔다. 거의 하루를 다 쓰고 받은 사례비가 50만 원이었다.

여느 때처럼 50만 원을 도움이 필요해 보이는 누군가에게 고스란히 보내 주었다. 그랬더니 그에게서 이모티콘 하나를 곁들인, 고맙다는 짧은 인사가 도착했다. 그것을 보는 순간 머릿속에서 내가 부산을 오가며 보낸 10여 시간과 그가 인사말을 쓰느라 보냈을, 겨우 1분 남짓한 시간이 비교되었다. 감사 표시를 좀 더 성의 있게 하면 안 되나 하는 생각이 들기도 했고, 매번 도와주니까 도움받는 것을 당연히 여기는 것일까 하는 생각이 들었다. 동시에 누군가를 돕고 나서 받은 짧은 감사 인사에 실망하는 내 모습이 과연 올바른 반응일까 하는 의구심이 들었다.

여러 생각으로 심란해진 마음을 다독이며 가다듬어 준 것은 다름 아닌 성경 말씀이었다.

> 잔치를 베풀거든 차라리 가난한 자들과 몸 불편한 자들과
> 저는 자들과 맹인들을 청하라 그리하면 그들이 갚을 것이
> 없으므로 네게 복이 되리니 이는 의인들의 부활 시에 네

"그들이 갚을 것이 없으므로" 내가 복을 받는다는 뜻이 아닌가. 즉 감사 인사를 받지 못함으로써 오히려 내가 더 복을 받는다는 것으로 이해하고 나니 내게 고맙다는 인사를 하지 않는 사람들은 곧 내게 상급을 쌓아 주는 사람들이 된다. 그러므로 섭섭해하거나 괘씸히 여길 이유가 없고, 오히려 그들을 더욱 반갑게 여겨야 할 것이다. 그다음부터는 내게 감사 인사를 하지 않는 사람들에게 마음이 상하기보다는 "아! 그대도 내가 받을 상을 저축해 주는 사람이군요", "아, 그대도? 좋아요! 좋아! 아주 좋아요!" 하고 웃어넘길 수 있게 되었다.

이 진리를 깨닫고 나니 "진리가 너희를 자유롭게 하리라"(요 8:32)라는 말씀 그대로 이런저런 섭섭함으로 '묶여' 있던 감정들에서 벗어나 자유함을 누리게 되었다.

마땅히
얻을 자가 되어라

내 묵상 글에는 돈에 관한 내용이 꽤 많다. 내가 돈을 어떻게 썼다는 이야기도 있고, 돈을 어떻게 얻었는가에 관한 이야기도 있다. 어떤 사람들은 내 묵상 글을 읽고, "오! 선교사님이 돈을 이렇게 쓰셨어? 그러면 나도 남 섬기는 데 돈을 써야지!" 하고 다짐한다는 이야기를 들었다.

성경은 "너는 구제할 때에 오른손이 하는 것을 왼손이 모르게"(마 6:3) 하라고 말한다. 그런데 나는 선한 일 한 것을 말하고 싶어서 입이 근질근질할 때가 많다. 이 구절은 말 그대로 오른손이 하는 일을 왼손이 모르게 조용히 하라는 뜻으로 해석되기도 하지만, 오른손이 하는 일을 왼손이 모를 정도로 자주 하라는 뜻으로 해

석되기도 한다. 나는 후자의 해석을 선호하는 편이다.

다음 구절은 에스겔서 전체 문맥상으로는 재정 문제와 연결 짓기 어렵지만, 한 부분이 마음속에 강하게 와 닿는다.

> 내가 엎드러뜨리고 엎드러뜨리고 엎드러뜨리려니와 이
> 것도 다시 있지 못하리라 마땅히 얻을 자가 이르면 그에
> 게 주리라_겔 21:27

바로 "마땅히 얻을 자가 이르면 그에게 주리라"라는 부분이다. 케냐 선교지에서 나와 한국에서 잠시 사역하는 동안에 재정과 관련하여 내가 경험했던 상황과 잘 맞물리기 때문이다.

당시 하나님 재정의 통로로서의 삶에 관해 설교하면서, 한국에서 강사로 사역하면서 받은 돈보다 남들 돕는 데 쓴 돈이 더 많다고 말하며 그 바람에 통장 잔고가 얼마 남지 않았다고 고백한 적이 있다. 당시 내

재정 상태를 설교 예화로 든 것뿐이었다.

그런데 어떤 사람이 요즘 자신이 가진 것에 너무 의지하는 것 같아서 주님께 모두 내어 드리고, 오직 주님만 의지하는 삶을 살고 싶어 하던 차에 내 설교를 듣고, 자기 믿음을 시험해 보고 싶어졌다고 한다. 유니스 선교사에게 헌금하고 싶은 생각이 들었다는 것이다.

하지만 그것이 정말로 하나님의 음성인지 아니면 마귀의 음성인지를 확인해야 했다고 한다. 그래서 "주님! 유니스 선교사님이 내 이름을 기억이나 할까요? 내 이름을 기억하지도 못하는 분에게 헌금을 드려야 하나요?" 하고 기도했는데, 때마침 신기하게도 내가 설교 중에 그의 이름을 불렀고, 그는 그것을 하나님의 사인으로 받아들였다고 한다.

사실, 나는 그날 설교 중에 회중 가운데 앉은 그를 보고 문득 속으로 '음…, 저분 내가 아는 사람인데, 이름이 뭐더라?' 하는 생각이 들어 주보를 훑어봤다. 일부러 그의 이름을 찾은 것이다. 그러고는 주보에서 찾은 이름을 한번 불러 봤을 뿐이다. 그런데 타이밍이 기가 막히게 맞아떨어진 것이다. 정말로 신기하지 않은가?

그가 내게 계좌 번호를 물었고, 나는 기쁜 마음으로 그에게 계좌 번호를 알려 주었다. 그때 그 사람이 얼마를 헌금했는지 아는가? 무려 1천만 원이나 헌금했다. 천만 원이라고? 설마? 나는 동그라미 개수를 세고 또 세었다. 공교롭게도 그 일이 있기 3일 전에 "주님! 남들 돕느라 다 썼더니 통장 잔고가 간당간당하네요. 제가 하는 사역을 다 감당하려면 1천만 원 정도는 있어야 또 활기차게 일할 텐데요!" 하고 기도드렸다. 그야말로 지나가듯 한마디 기도를 보냈을 뿐인데, 주님이 기억하시고 3일 만에 정확히 1천만 원을 채워 주신 것이다.

즉시 환전하여 케냐로 9,000달러를 보냈다. 선교지에서 긴요하게 쓰일 돈이었다. 사실, 케냐로 돌아갈 때가 다가오는데 그동안 한국에서 이곳저곳 다니며 설교하고 받은 사례비는 남들 돕는 데 다 썼으니 자칫하면 빈손으로 돌아가야 할 형편이었다. 그런데 신실하신 주님이 풍성히 채워 주신 것이다.

나는 주님께 재정뿐 아니라 모든 문제를 온 마음으로 기도한다. 다만 "주님! 주님의 기쁨이 되는 일이 무엇인지요? 이 사람을 어떻게 받아들이면 주님이 기뻐하실까요? 이 일을 어떻게 해석하면 주님이 기뻐하실까요?" 하고 늘 기도한다. 거의 하루 종일 주님과 기도로써 대화하는 편이다. 기도하지 않고 보낸 하루가 없을 정도다. 기도는 영혼의 호흡이니만큼 항상 하는 것이 당연하다.

나는 누가 돈이 필요하다고 기도를 부탁하면, 기도도 하지만 실질적으로 어떻게 도울 것인가에 관한 생각을 먼저 떠올리곤 한다. 그러고는 가능한 한 얼마라도 내가 도움을 주려고 노력한다. 이것을 심는 것에 비유한다면, 그 덕분에 주님이 늘 채워 주시니 심고 거두는 법칙에 부합한다. 아낌없이 심어서 "마땅히 얻을 자"가 되면, 주님이 풍성히 거두게 하심을 체험적으로 깨닫는다.

정직하게
써라

하나님 재정의 통로로서 쓰임받는 것은 복이다. 내게
이런 큰 복이 임한 비결을 묻는다면, 첫째는 무조건 주
님의 일방적인 은혜이고, 그다음은 "정직"이라고 할
수 있다.

누가 내게 선교 헌금을 맡기면, 한 푼도 어긋남 없이
고스란히 선교에 쓴다. 그 외 사적인 일에 써 본 적이
없다. 그래서 현지인 동역자들에게 항상 당당하게 말
하곤 했다. 아래 내용은 영어로 한 것을 한글로 옮기다
보니 다소 강하게 표현될지도 모른다.

"내 손이 깨끗하다는 것을 여러분이 옆에서 지켜봤
으니 잘 알지요? 사역자가 돈을 좇아가면 안 돼요. 돈

이 쫓아오게 만들어야죠. 정직하게 일하면, 하나님이 필요한 재정을 다 채워 주십니다. 아멘? 그러니 나를 잘 보고 따라 하시길 소망합니다."

한번은 명성제일교회 청년부 헌신 예배에서 설교를 마치고 청년들과 질의응답 시간을 가졌다. 참으로 다양한 질문을 받았는데, 어떤 청년이 내가 어떤 좌우명을 가지고 선교 활동을 하는지 궁금해했다. 나는 시편 말씀으로 답을 대신했다.

여호와의 산에 오를 자가 누구며 그의 거룩한 곳에 설 자가 누구인가 곧 손이 깨끗하며 마음이 청결하며 뜻을 허탄한 데에 두지 아니하며 거짓 맹세하지 아니하는 자로다_시 24:3~4

나는 "손이 깨끗하며 마음이 청결하며 뜻을 허탄한 데에 두지 아니하며 거짓 맹세하지" 않는 삶을 살기 위해 노력한다. 특히 '손이 깨끗하다'는 것은 재정에 관해 정직함을 의미한다고 생각한다. 그래서 나는 모든 선교 헌금을 최선의 정직으로 집행해 왔다. 선교 목적 헌금을 그 외 용도로 써야 할 경우는 헌금하신 분에게 미리 허락을 구했다. 매사 주님 앞에서 양심에 거리낌은 없는지 점검하며 마음을 청결하게 하기 위해 노력했다.

재정에 관해서는 유난스러울 정도로 정직을 강조한 덕분에 지금까지 선교지에서 재정 문제로 어려움을 겪어 본 적이 없다. 다사다난한 선교 현장에서는 정말로 기이하게 여겨질 정도다.

오래전에 삼성동에 있는 현대교회에서 3개월간 단기 목회를 한 적이 있었다. 당시 담임목사를 청빙하여 모셔 오는 데 시간이 걸려서 내가 임시로 3개월간 설교를 맡았던 것이다. 그때 알게 되었던 여자 장로님이 다른 권사님과 함께 케냐를 방문하여 내가 하는 사역을 돌아보게 되었다. 그때 아이들이 토요일마다 우리 집에 와서 점심을 먹고 성경 공부하는 '토요 천국 잔치'(Super Saturday) 시간을 보고, 크게 감동했다고 한다. 한국에 돌아간 뒤에도 아이들의 똘망똘망한 눈이 계속 생각난다면서 해마다 5월이면 지인들과 함께 마련한 헌금을 보내 주곤 했다. 그때마다 지인들의 연락처를 받아서 일일이 감사 인사를 하고, 보내 주신 헌금으로 아이들과 맛있는 식사를 나누었다고 전하곤 했다.

그렇게 10여 년간 후원해 주셨는데, 어느 날 앞으로 더는 헌금을 하지 못할 것 같다면서 마지막으로 150만 원 정도를 보내 주셨다. 보통 헌금을 하다가 중단하게 되면 무척 미안해하는데, 평생 고마워하며 살아야 할 정도로 긴 기간 도움을 주셨으니 미안해하지 않으셔도 된다고, 진심으로 감사하다는 인사를 문자로 전했다.

그리고 나서 얼마 뒤에 메일 한 통을 받았다. 선한목자교회의 유기성 목사님이 설교 시간에 〈주의 이름을 부를 때 어떤 일이 생기는가?〉라는 제목의 내 동영상을 틀어 주셨는데, 동영상에서 아이들이 "유니스!!" 하고 내 이름을 부르는 장면을 보고 아이들 끼니에 보탤 헌금을 보내고 싶다는 내용이었다. 사실, 그 동영상은 후원금을 받기 위해 만든 것이 아니라 주의 이름을 부르며 기도하는 것의 필요성과 중요성을 가르치기 위해 여의도순복음교회 청년부에서 만들어 준 것이었다. 그런데 그것을 보고 헌금하겠다는 연락이 오다니 이럴 수도 있구나 하며 신기해하며 놀랐다.

계좌 번호를 알려 드리자 선교 헌금으로 100만 원을 보내왔다. 생면부지의 성도가 그렇게 큰돈을 헌금하시리라고는 미처 생각하지 못했다. 아이들을 위한 선교 후원금이 끊어진 시점에 예상치도 못한 곳에서 헌금이 들어왔다는 사실을 간증하며 감사 편지를 보냈더니 그분에게서 이런 답장이 왔다.

"목사님, 저희 부부도 간증합니다. 목사님에게 메일을 보내고 나서 답신을 기다려도 오지 않기에 하나님이 이번 후원은 다른 곳에 보내라고 하시나 보다 생각하면서 기도 중에 있었습니다. 게다가 선교사님에게 후원 계좌를 물어보는 경우가 많지만, 후원을 다 받지는 않으신다는 얘기를 들어서요. 그런데 주님이 계속 기다리라는 마음을 주시더군요. 그래서 주님이 다른 곳에 보내라는 확실한 응답이 있기 전까지는 선교사님의 답신을 좀 더 기다려 보자고 했는데, 마침내 답장을 보내 주셨네요. 선교사님의 메일 박스에 문제가 있었다는 것을 이제 알게 되었습니다. 하나님의 음성을 듣고 기다렸는데, 이렇게 극적으로 응답을 들으니 저희가 너무 감사합니다. 역시 우리 주님은 너무나 멋지세요. 너무너무 감사드립니다."

참으로 신기한 일이다. 하나님의 타이밍이 절묘하지 않은가? 이런 간증거리는 무궁무진하다.

예전에 케냐 선교사로 헌신했지만, 선교사가 되지 못하여 하나님께 죄송한 마음에 그 대신 매월 100만 원씩 선교 헌금을 보내 주신 분이 있었다. 그런데 그분의 재정 사정이 안 좋아져서 더는 못 보내게 되었다는 연락이 왔다. "그동안 감사했고 괜찮다"라는 내용의 편지를 보내 드렸다. 그런데 바로 그다음 달부터 생각지도 못했던 곳에서 매월 100만 원씩 선교 헌금을 보내겠다는 연락이 와서 결과적으로 후원자 이름만 바뀌었을 뿐 선교 헌금이 그대로 이어지고 있다.

이처럼 누군가가 헌금을 중단하게 되어도 곧 다른 이가 나서서 후원을 이어 갔기에 매주 '토요 천국 잔치'에서 아이들을 배불리 먹일 수 있었다. 케냐에서 5개 교회를 개척해서 매주 약 500명의 아이에게 점심을 먹여야 하고, 행사 때면 어른들에게도 식사를 제공해야 하는데, 근 20년간 단 한 주도 빠짐없이 토요일이면 성경 공부하는 아이들에게 점심을 줄 수 있었고, 내가 담임하는 티고니의 르호봇 교회에서는 주일에도 아이들을 먹일 수 있었다. 지금까지 하나님은 아이들의 끼니만큼은 한 번도 어렵게 하신 적이 없다.

재정이 필요할 때마다 신실하신 주님이 곧바로 채워 주시곤 한다. 근래에도 남편이 주민들의 자급자족을 위해 양계업을 가르치는데, 달걀 부화기를 돌릴 때마다 전기가 나가서 좋은 발전기를 사야겠다고 했더니 어느샌가 알맞은 헌금이 들어온 일이 있다. 또 닭 모이를 나를 트럭이 필요하다고 했더니 역시 금방 채워졌다. 필요한 만큼 채워 주시고, 채워 주시는 만큼 지출한 것이 내 손이 깨끗한 증거라고 믿는다.

재정적으로 힘든 일을 겪는 선교사님들이 손이 깨끗하지 않아서라는 말은 절대로 아니다. 오해하면 안 된다. 재정을 위해 기도해도 얼른 채워지지 않는 것은 오히려 더 귀하고 보배로운 간증을 위함일 것이다. 돈이 인생에서 가장 큰 기쁨의 간증은 아니니까 말이다. 주님이 우리에게 허락하시는 모든 일에는 '하나님의 사랑'을 가르치시고자 하는 목적이 있다. 재정 문제의 해결이 아니어도 또 다른 길로 주님의 사랑을 깨닫게 하실 것이다.

나는 하나님이 내 뜻대로 도와주시기를 기도하기보다는 주님의 온전하신 뜻 가운데 인도받기를 사모하고, 주님이 진실로 내 삶에 무엇을 배우고 깨닫고 믿음의 행보를 하기를 원하시는지를 시시때때로 물으며

성령님의 음성을 듣고 민감하게 행하게 하기를 기도
할 뿐이다.

발목 잡히지
마라

여호와여 이 세상에 살아 있는 동안 그들의 분깃을 받은 사람들에게서 주의 손으로 나를 구하소서 그들은 주의 재물로 배를 채우고 자녀로 만족하고 그들의 남은 산업을 그들의 어린아이들에게 물려주는 자니이다_시 17:14

이 구절은 영어 성경(NIV)으로 읽으면 좀 더 신선하게 이해할 수 있다.

O LORD, by your hand save me from such men, from men of this world whose reward is in this life. You still the hunger of those you cherish; their sons have plenty, and they store up wealth for their children.

내 나름대로 해석하자면, "주님! 이 땅에서 배불리 잘 먹고 잘사는 사람들, 이 땅에서 세상 사람들이 보기에 복을 많이 누린 것처럼 보이는 사람들, 그런 사람들로부터 저를 분리시켜 주옵소서. 그들은 자기 배만 부르면 만족하고 자기 자녀만 잘되기를 바라며 어떻게 하면 자녀들에게 돈을 많이 남겨 주고 죽을까 하는 것들만 생각하는 자들입니다. 제가 그런 사람이 되지 않도록 저를 그들로부터 분리시켜 주옵소서!"라고 할 수 있다.

나만 위해 사는 사람들의 특징은 하나부터 열까지 "나"만 외친다는 것이다. "나와 내 자식"이 잘 먹고 잘 살기만을 바란다. 자기 자신과 가족들이 건강하고, 풍요롭게 복된 삶을 살기를 바라는 것이 나쁠 리가 있겠는가! 우리가 가장 사랑해야 하는 것이 바로 내 가족이 아니겠는가?

그러나 자신과 자기 자식밖에 모르는 것이 문제다.

자녀들에게 재산을 물려주는 것이 나쁜 일은 아니다. 그러나 자녀들에게 재산을 많이 물려주고 죽은 사람이 하늘에서도 상을 많이 받을까? 아니면 자녀들에게 재산을 변변찮게 물려주어도 자기가 번 것을 모두 남돕는 데 쓰고 죽은 사람의 상이 더 클까?

내가 평생 모은 돈을 자식에게 고스란히 남겨 준다고 해도 그들이 그 돈을 얼마나 잘 쓸 것인가? 부모가 남긴 재산을 흥청망청 허무하게 탕진하며 살지는 않을까? 그러니 이 땅에 살면서 자식들이 딱히 못 먹고 못 입으면서 살 정도가 아니라면 하나님이 내가 살아 있는 동안 나에게 주신 재물은 남을 위해 다 쓰고 가는 것이 되레 하늘에 더 많은 보화를 쌓는 것이 아닐까 하는 생각이 든다.

친정어머니가 돌아가시면서 300만 원 정도의 유산을 남기셨다. 삼 남매가 나눠 가지면서 "가난하게 사신 어머니 덕분에 유산 때문에 형제끼리 다툴 일이 없으니 너무 감사하다"고 이야기를 나눴던 기억이 있다.

어머니는 평생 당신 번 돈으로 자식들을 먹이고 입히셨고, 이웃을 섬기다가 천국으로 이사 가셨다. 천국에서는 엄청난 부자로 계실 것 같다.

성경 말씀을 묵상하면서, 최소한 나는 "나만 배부르고, 나만 잘 입고, 내 자식만 잘되고, 내 자식에게 남길 재물을 축적하면서" 살고 있지는 않으니 참으로 감사하다는 생각이 들었다.

한마디로 탐심에 발목 잡힐 일이 없는 것이다. 몇 년 전부터는 벌어들이는 만큼 100% 나누는 삶을 살고 있다. 때로는 100%를 넘기기도 한다. 마이너스 재정으로 남을 도우면 안 되니 절제가 필요할 정도다. 그러나 돈에 발목 잡힐 이유가 없는 삶을 사는 것이 얼마나 가볍고, 마음 시원한지 모른다.

내 자식에게 뭘 물려줄까 생각하는 것보다 하늘에 뭘 더 쌓을까 생각하는 편이 더 유익하지 않을까. 자식 걱정은 하나님께 맡기는 것이 현명하다. 나보다 얼마나 더 잘 챙겨 주시겠는가?

하나님의 이름만을
높이라

나는 기회가 될 때마다 하나님이 딸 수진이의 결혼 준비를 어떻게 해 주셨는가에 관해 간증하곤 한다. 결혼 준비를 하면서 걱정이 없었다고 하면 거짓말일 것이다. '신혼 여행비는 어떻게 마련해 줄까? 결혼 예복은 어떻게 하지?' 청첩장, 피로연 등 준비할 것이 산더미였다. 그런데 결국, 돈을 써야 할 곳에 거의 쓰지 않고도 결혼식을 잘 치렀으니 내가 복을 받았다고 생각할 수 있다.

케냐에서 선교 사역을 하다가 한국으로 발령받아 생활한 4년 동안 외부 강의를 하면서 받은 강사비와 교회 기관장으로서 받은 월급 등을 포함하여 벌어들인 만큼 남에게 베푼 것이 4억 원 정도 된다. 매달 평균 1천만 원씩을 지출했으니 말이다.

그 4억을 남 안 도와주고 모았다면, 딸 시집 보낼 걱정을 할 필요가 있었을까? 내가 애들 집을 사 줄 것도 아니니 결혼 비용으로 4억이나 들어갈 리가 없으니 돈 걱정할 일은 없었을 것이다. 그 돈으로 딸 결혼 준비를 잘했다면, 그것 또한 복 받은 일이었을까? 나는 그렇지 않다고 생각한다. 만약에 그랬다면, 다른 사람들의 사랑의 후원에 힘입어 딸을 시집보내는 기쁨과 감사를 어떻게 알았겠는가. 그 은혜에 감사하여 하나님을 찬양하며 기뻐했겠는가 말이다.

그렇다면 내 돈 한 푼 안 들이고 다른 사람들의 도움으로 딸을 시집보냈다면, 그것은 내가 복 받았다는 증거인가? 나는 그렇게 생각하지 않는다. 과연 참된 복이 무엇인가를 생각해야 한다. 하나님으로부터 받는 '복'의 기준이 돈이 되어서는 안 된다는 뜻이다. 돈이 기준이라면, 이 땅에서 돈 많은 사람은 다 복 받은 사람들이고, 돈 없는 사람은 복 없는 사람이라는 이야기가 될 테니 말이다.

성경은 복에 관해 이렇게 말한다.

> 높은 사람이나 낮은 사람을 막론하고 여호와를 경외하는 자들에게 복을 주시리로다_시 115:13

나는 내 삶에 일어나는 일들로 하나님의 이름에 영광을 돌리고 있다고 생각한다. 이것이 나에게 주어진 가장 큰 복이라고 믿는다. 사람이 이 땅에 태어나서 사는 목적은 말 그대로 '하나님께 영광을 돌리기 위함'임을 믿는다. 그런데 돈 많은 것이 하나님께 영광이라는 말을 들어본 적이 있는가? 건강도 마찬가지다. 건강하면 복 받은 것인가? 예수님을 잘 믿어도 건강 때문에 고민하는 사람이 많다. 그들이 복을 못 받아서 그렇다고 생각하는가? 나는 그렇게 생각하지 않는다. 가난하고 몸이 아파도 하나님께 영광된 삶을 살 수 있다.

내가 가진 것으로 남을 도울 때마다 도움을 받은 사람들은 하나님께 감사해했다. 이것이 바로 하나님께 영광이다. 나는 나에게만 감사할 것 같은 사람들은 별로 돕고 싶지 않다. 내가 고맙다는 인사를 받아서 뭣 하는가 말이다. 내가 믿는 하나님의 이름에 영광이 되는가가 중요하지, 단순히 내가 착한 사람으로 인정받는 것은 별 의미가 없다.

누군가가 재정 문제를 놓고 기도할 때, 내가 하나님 재정의 통로가 되어 그들을 도우면 그들은 하나님께 감사하며 찬양을 드리기 마련이다. 그 덕분에 나는 하나님께 영광을 돌리는 삶을 살게 된다. 그렇게 사느라 정작 내 쌓은 재물은 없다고 해도, 내가 돈이 필요한 상황이 되면 하나님이 친히 채워 주심을 경험하고, 이웃이 그것을 목도한다면 어떻게 할까? "하나님은 실로 신실하시고 자비로우신 분이로다. 종들의 필요를 다 채워 주시는 분이구나. 할렐루야!" 하고 하나님을 찬양하며 하나님께 영광을 돌릴 것이다.

그러니 내게 있는 것으로 남을 먼저 도움으로써 주님께 영광을 돌리고, 내가 필요할 때 남들의 도움을 받음으로써 하나님께 또 영광을 돌리게 된다. 이로써 나는 내 삶이 얼마나 복된가를 깨닫게 된다.

택시를 탈 때마다 기사님들에게 복음을 전하곤 하는데, 어떤 기사님이 교회에 가서 신발 벗고 예배드리고 나와 보니 누가 신발을 훔쳐 갔더라면서 그 후로 교회에 발을 끊었다고 말했다. 그날, 택시에서 내리기 전에 봉투에 5만 원을 넣고, 겉봉에 이렇게 썼다.

"기사님! 신발은 잃어버렸을지언정 천당 가는 길을 잃어서는 안 됩니다. 이것은 그때 잃어버리신 신발값입니다."

그리고 그 밑에 "교회를 대표해서 사죄합니다"라고 적고는 그분께 건네 드렸다.

"사람들은 교회를 떠나는 것이 아니라 리더를 떠나는 것"이라는 말이 있다. 또 "하나님을 떠나는 것이 아니라 하나님을 믿는 사람들을 떠나는 것"이라는 말도 있다. 가슴 아픈 일이다. 교회 청년들에게 "내가 가진 것을 남을 위해 아낌없이 쓰는 이유는 목사란 원래 그렇게 베풀고 나누는 사람임을 보여 주고 싶기 때문"이라고 말해 주면, 많은 청년이 내게 이렇게 말하곤 한다.

"선교사님, 저도 선교사님처럼 살고 싶어요!"

돈은 중요한 것이다. 그러나 더 중요한 것은 돈을 참된 가치로 잘 사용할 줄 아는 것이다. 내가 돈을 버는 목적은 남을 돕기 위해서다. 돈을 잘 쓰기 위해 버는 것이다. 재정에 관한 올바른 가치관으로 사는 것 또한 하나님의 이름을 높이는 일임을 기억해야 한다.

오병이어의 기적을
체험하라

신안산대학교에서 학생들을 가르칠 때 일이었다. 하루
는 어떤 학생이 수술하게 되어 몇몇 학생과 문병을 가
게 되었다. 병문안을 마치고 나서 학생들을 데리고 고
깃집으로 향했다. 그런데 일행 중 한 명이 고깃집을 찾
지 못해 헤맨다는데도 누구 하나 마중 나가지 않는 것
을 보고, 내가 슬며시 나가 그 학생을 데리고 오는 일
이 있었다.

그 일이 있고 나서 "왜 우리는 배려를 배워야 하는
가?"라는 주제의 묵상 글을 써서 평소 내 묵상 글을 읽
지 않는 그 학생들에게 메일로 보내 주었다. 그러자
저마다 내게 답글을 보내 주었다. 교회에 다니지 않는

한 학생은 가슴이 뜨끔하여 내 글을 읽고 또 읽었다면서 앞으로는 배려 있는 삶을 살겠노라고 다짐하며 반성의 글을 보내왔다. 다른 학생들도 반성한다는 내용의 글을 보내왔다. 실수를 통해 배우는 것이 바로 젊은이의 특권이 아니겠는가. 나는 그들 모두를 칭찬하며 또 다른 고깃집으로 데려갔다.

나는 그날 내가 매일 쓰는 묵상에 학생들과의 고깃집 에피소드를 소개하며 내게도 예수님이 베푸시는 오병이어의 기적이 일어났으면 좋겠다고 언급했다. 별뜻 없이 단순히 주님이 행하시는 기적을 나도 체험해 보고 싶은 바람의 글이었다. 그런데 내 글을 읽은 어떤 분이 자기가 오병이어의 기적을 마련하고 싶다며 학생들 밥값을 쏠 테니 계좌 번호를 알려 달라고 했다. '이런 배려라니' 하며 흔쾌히 수락하고 계좌 번호를 알려 주었다. 나중에 계좌에 들어온 돈을 보니 놀랍게도 100만 원이었다.

내가 식사를 사 준 학생들은 대부분 교회에 다니지

않았는데, 그들에게 '오병이어의 기적' 이야기를 들려주며 누군가가 낯 모르는 그들을 위해 기꺼이 돈을 보내 주었다는 사실을 설명해 주었다. 떡 다섯 덩이와 물고기 두 마리를 기꺼이 내어 준 그분 덕분에 그날 저녁 학생들에게 식사는 물론 디저트까지 넉넉히 대접할 수 있었다. 그러고도 80만 원이 남았다.

당시 신안산대학에는 겨울 방학 때마다 학생들을 일본에 단기 봉사팀으로 보내는 프로그램이 있었다. 학교에서 항공료, 숙박비, 보험료 등을 다 지원해 주니, 개인은 50만 원만 부담하면 되었다. 내가 가르치는 학생들을 보내고 싶지만, 한 사람당 50만 원씩을 후원하기에는 벅차다는 생각이 들었다. 게다가 학생 참여의 진정성이 떨어질까 봐 걱정되기도 했다.

마침 오병이어를 나눠 먹고도 남은 광주리의 80만 원이 있으니 네 명의 학생에게 일본 단기 봉사 프로그램에 참여할 경우 한 사람당 20만 원씩 후원해 주겠다고 했다. 단기 봉사라고는 하지만 현지 교회와 연결하여 보내기 때문에, 사실상 단기 선교 프로그램이나 마찬가지다. 학생들이 얼마나 좋아하던지! 다들 가겠다고 자원했다! 네 명 모두 믿지 않는 학생들이었는데, 단기 선교를 계기로 교회에 다니기로 나랑 약속했다. 얼마나 기쁘던지. 학생들이 내게 보낸 감사 메일 중 한 학생의 글을 소개하고자 한다.

교수님! 오늘 정말 감사했습니다. 교수님과 함께한 시간이 저에게는 정말로 인생의 큰 전환점이 될 것 같습니다. 교수님이 사 주시는 고기를 먹으면서 나눴던 이야기 중에 가장 인상 깊었던 것은 오병이어의 기적이었습니다. 언젠가 성경에서 읽은 적이 있다고 알은체했는데, 나중에 찾아보니 누가복음 9장에 기록된 이야기더군요.

"예수께서 이르시되 너희가 먹을 것을 주라 하시니 여짜오되 우리에게 떡 다섯 개와 물고기 두 마리밖에 없으니 이 모든 사람을 위하여 먹을 것을 사지 아니하고서는 할 수 없사옵나이다 하니 이는 남자가 한 오천 명 됨이러라 제자들에게 이르시되 떼를 지어 한 오십 명씩 앉히라 하시니 제자들이 이렇게 하여 다 앉힌 후 예수께서 떡 다섯 개와 물고기 두 마리를 가지사 하늘을 우러러 축사하시고 떼어 제자들에게 주어 무리에게 나누어 주게 하시니"(눅 9:13~16).

교수님이 말씀하신 베풂과 나눔이 가슴에 와닿았고, 뜻 깊게 느껴졌습니다. 정말로 오병이어를 느끼며 밥을 먹었습니다. 또 친구들과 서로 칭찬을 나누면서 이렇게 나를 소중히 여기는 친구들과 함께할 수 있어 행복하다는 생각을 했습니다. 그런 행복을 알게 해 준 하늘에 감사하고, 친구들에게도 감사했습니다. 특히 교수님이 교회를 추천해 주신다고 하셔서 너무 감사했습니다.

설빙에서 디저트를 먹으며 꿈 이야기를 나눌 때, 교수님이 해 주신 말씀 덕분에 꿈을 찾고 용기 내어 도전할 마음이 생겼습니다. 꿈을 찾는 계기를 만들어 주셔서 감사합니다. 정말로 교수님 덕분에 오늘에서야 제 꿈을 찾은 것 같습니다. 값을 매길 수 없을 정도로 소중한 시간이었습니다. 이 추억을 영원히 간직하고 싶습니다. 감사합니다. 교수님!

일본 단기 봉사를 통해 넓은 세상을 보고, 마음과 뜻을 넓히라고 20만 원을 지원해 주신다고 하셨을 때, 감사하다는 말씀밖에는 드릴 수가 없었습니다. 너무 좋아서 감사하다는 말만 되풀이했던 것 같습니다.

교수님! 오늘 정말로 감사했습니다. 바쁘실 텐데 늘 저희를 이렇게 돌봐 주셔서 감사합니다. 앞으로 오병이어의 뜻을 꼭 이루며 살겠습니다. 감사합니다.

신안산대학에서 학생들을 가르칠 때 받았던 그 감동이 지금도 생생하다. 베풀면서 사는 것이 삶의 습관이 되며 오병이어의 기적이 일상이 되는 것을 체험하기도 했다.

참되게 쓰는 자가
돈의 주인이다

●●●●●

우리에게는 '탐심 예방 주사'가 필요하다. 탐심은 자기가 가진 것으로 다른 사람들을 도와 봐야 피할 수 있다. 자신이 돈에 매여 있는지, 돈을 다스리고 있는지를 알려면 다른 이들을 위해 돈을 사용하는 자세를 보면 된다. 그 척도는 감사하는 마음이다.

시편 기자는 선한 자들과 마음이 정직한 자들을 선대해 달라고(시 125:4) 기도했다. 하나님의 선대하심을 경험하려면 두 가지 요건을 갖추어야 한다. 즉 "선한 자"가 되고, "마음이 정직한 자"가 되어야 한다. 크건 작건 내게 돈이 들어오면, 나라는 통로를 통해 내보내는 것이다. 돈은 참된 가치로 잘 사용할 줄 아느냐가 중요하다. 돈을 잘 쓰기 위해 버는 것처럼, 재정에 관한 올바른 가치관을 갖는 것 또한 하나님의 이름을 높이는 일임을 기억해야 한다.

적용 돈에 매여 재정 통로가 되지 못한 경우 주로 어떤 탐심이었는가? 하나님이 기뻐하시는 통로가 되도록 하는 감사를 빼앗기지 않게 해 달라고 기도하자.

기도문 ⑤

하나님께 배운 대로
흘려 보내는 삶을 위한 기도

●●●●●

주님! "주는 것이 받는 것보다 복이 있다"(행 20:35)는 말씀처럼 주는 자의 자리가 받는 자의 자리보다 더 기쁜 자리임을 알게 해 주셔서 감사합니다! 나눠 주는 자의 삶이 곧 하나님이 우리 그리스도인들에게 원하시는 '기쁘신 뜻'임을 알게 해 주셔서 감사합니다!

항상 선을 베풂이 제 삶에 익숙한 습관이 되도록 도와주옵소서! 오늘도 하나님의 선하신 눈매를 닮아 내가 누구를 도와주면 좋을까 이웃의 필요를 돌아보는 눈을 허락하여 주옵소서!

주님, 사랑합니다. 주님, 감사합니다. 오늘도 우리 주님, 저를 보시면서 하루 종일 기쁘시면 참 좋겠습니다!

나의 만족은 오직 하나님으로부터!

나는 해마다 새해가 오기 전에 1년 동안 내 신앙의 소유가 될 말씀을 한 구절씩 정하곤 한다. 2022년에 목표로 세운 말씀은 고린도후서의 한 구절이다.

> 우리가 무슨 일이든지 우리에게서 난 것같이 스스로 만족할 것이 아니니 우리의 만족은 오직 하나님으로부터 나느니라_고후 3:5

코로나 팬데믹 이후 3년여간 많은 분이 월 5,000원 정기 후원에 참여해 주었다. 요즘은 매월 적어도 1억 원의 후원금이 들어오고 있다. 이렇게 큰 후원금을 받으니 감사하면서도 바짝 긴장할 수밖에 없다. 돈이란 것이 잘못 맡으면 축복이 아닌 저주가 될 수도 있기 때문이다. 오죽하면 돈을 맘몬 신이라고까지 부르겠는가.

내게 주어진 모든 것은 하나님으로부터 말미암았다. 그런데도 다른 사람들에게 돈을 나눠 주는 통로 역할을 하다 보면, 나도 모르게 내가 '돈의 주인'이나 된 것처럼 착각할 때가 있음을 깨닫는다. 후원받고 감사 인사를 잘하는 사람들에게는 더 주고 싶지만, 후원받는 것을 당연하게 여기거나 더 나아가 마치 권리처럼 주장하는 사람들에게는 펼쳤던 손을 다시 접고 싶은 마음이 들기도 하기 때문이다.

주님이 주신 고린도후서 말씀은 앞으로 내가 주님의

재정 청지기로서 어떤 마음 자세로 어떻게 관리하며 살아가야 하는가에 관한 분명한 길잡이가 되었다. 하나님께서 마치 내게 이렇게 말씀해 주시는 것만 같다.

"유니스야, 너는 어느 것이라도 네게서 난 것처럼 스스로 만족하는 마음을 갖지 말아라. 너로 말미암은 것은 아무것도 없단다. 너에게 주어진 모든 '넉넉함'은 모두 나 여호와로 말미암은 것이란다."

이 말씀은 요즘 내 삶의 모든 영역에 적용되고 있다. 재정에 관한 부분만이 아니다. 내 모든 관계와 사역에도 적용된다. 내가 맺고 있는 모든 좋은 관계도 나로 말미암은 것이 아니라 하나님으로 말미암은 것이다. 내가 맡은 사역의 모든 열매도 나로 말미암은 것이 아니다. 오직 하나님으로부터 말미암은 것이다.

또한 이 말씀은 매사에 겸손하게 행하라는 권면이기도 하지만, 다른 사람들을 충분히 돕지 못하고 있는 것 같다는 생각에 낙담할 때 나를 격려해 주기도 한다. 나는 하나님이 아니니 모든 사람을 만족시킬 수는 없다. 모든 도움은 오직 하나님으로부터 말미암으니 내가 마음껏 도와줄 수 없는 부분은 하나님 앞에 내려놓을 수 있어야 한다는 것이다.

이 책을 다 쓰기까지 마음 한편에 갈등도 있었다. 내가 이런 책을 쓸 자격이 있나? 그동안 다른 사람들을 도와준 것에 대한 자랑으로 보이지는 않을까? 많은 사람이 재정으로 어려움을 겪고 있는데, 마치 나는 아무

어려움도 겪지 않는다는 듯 들리지는 않을까?

이 책은 하나님이 나를 재정적으로 어떻게 부요하게 만들어 주셨는가에 관한 간증이 아니다. 어떻게 하면 이 세상의 신으로 불리는 맘몬에게서 자유하여 자신에게 맡겨진 재정으로 하나님이 기뻐하시는 삶을 살 수 있을지 고민하는 믿음의 지체들에게 자그마한 방향표가 되길 바라는 마음으로 쓴 글이다.

이 글을 읽는 한 분 한 분이 "하나님, 제게 주신 이 돈을 어떻게 쓸까요?"라는 질문을 하게 되기를 기도한다. 하나님께 드리는 이 질문은 "하나님, 제가 이 재정으로 어떻게 하나님을 기쁘게 해드릴까요?" 하는 우리 마음의 고백임을 주님이 아실 것이다. 우리의 기도를 하나님이 응답하실 것을 소망한다.

　이제 이 책을 덮으며 이 질문을 하는 모든 사람에게 하나님이 가장 합당한 답을 각자에게 주심으로써, 우리가 가진 모든 것이 하나님으로부터 말미암았음을 삶으로 실천해 가면서 주님께 구체적으로 배우는 시간이 되기를 기도한다.